宗教文庫

改變歷史的佛教高僧

于凌波 著

東大圖書公司

序 —— 中國佛教由開拓發展到保守沒落的過程

　　西元前五百餘年間，釋迦牟尼創立的印度佛教，於中國兩漢交替時代（西元世紀開始之初）傳入中國。這種外來的異質文化，如何能在一片新的土壤中萌芽生長呢？最重要的工作有二，一者是佛經的翻譯，二者是法義的傳播，這樣才能使中土人士知道什麼是佛教，由認同而接受信奉。古人撰著歷代的《高僧傳》，把譯經和義解列為十門之首，也正是這個意思。但不拘是佛經的翻譯，或者是法義的傳播，都需要人才——為佛法付出、奉獻的僧侶。佛教傳入中國之後，能夠在中國土壤中紮根生長、蓬勃發展、蒸蒸日上，實在是在這一階段中，佛教高僧輩出，他們為法忘身，以開拓前進的精神有以致之。例如本書——《改變歷史的佛教高僧》中的人物，就全是為佛教開拓、發展貢獻心力的人物。

　　《改變歷史的佛教高僧》這本書，是在早期佛教開拓發展的時段，在千百位為佛教付出、奉獻的高僧中，選出了十五位具有代表性、對歷史有重大影響的人物。這十五位高僧，他們對歷史的影響，大到改變了歷史的方向。其實，所謂歷史者有兩種涵義：一種是事實的記載，一種是事實的本身。自事實本身來說，歷史包括著人類生活的一切現象。而宗教

文化，改變了世人的觀念與生活，也就是改變了歷史的方向，所以稱他們是「改變歷史的高僧」，並不是誇大之辭。在這十五位高僧中，包括了四類人物：一者釋譯經典，二者弘揚法義，三者西行求法，四者開宗立派。但是這十五位高僧，他們每人所具備的，並不止是一種身分，如果這樣分析的話，人數就不止十五位了。

　　例如譯經一門，四大譯經家的鳩摩羅什大師、真諦三藏、玄奘三藏、義淨大師當然是譯經人物；但是法顯、道宣、窺基、法藏等，他們都參加過譯場，對譯事各有貢獻，雖然不是專業的譯經師，但也不能抹煞他們對譯經的貢獻。其次弘揚法義（這在《高僧傳》中稱為義解）一門，道安、慧遠兩位大師，當然是此中巨擘；但是道生、智顗、吉藏、法藏等，也是一生講說不休，也應是義解門中的人物。第三是西行求法，由魏、晉到隋、唐，冒險犯難，為法忘身，西行取經的僧侶有一百數十人之多，本書選了具有代表性的三位，就是東晉的法顯，唐代的玄奘和義淨。

　　最後一門是開宗立派，這一方面的高僧就多了。由東晉到南北朝時代，慧遠大師在廬山結社念佛，後人奉為淨土宗初祖；鳩摩羅什大師在逍遙園譯出《成實論》，開創出小乘成實一宗。禪宗當然是以菩提達摩為初祖，但六祖慧能以後的禪宗，不同於達摩的禪宗，所以也加入了禪宗的革命者慧能大師。真諦三藏譯出《俱舍論》，開創出小乘俱舍一宗；又譯出《攝大乘論》，形成攝論一宗。吉藏大師繼承印度中觀學派

的學統，建立了三論一宗；智顗大師以《法華經》為所依，造出天台三大部，大成了天台宗。

　　到了隋、唐兩朝，道宣大師開創了南山律宗，玄奘大師與窺基開創了唯識宗，法藏大師完成了華嚴宗。中國大乘八宗中，只有密宗沒有列入。密宗是唐玄宗時代的開元三大士──善無畏、金剛智、不空所開創，本書因限於篇幅，就只好割捨了。

　　佛教傳入中國之後，歷經漢、魏、兩晉，以至於到南北朝末期的五百多年間，在佛門高僧（不止是本書中的十多位，而是無數佛門僧侶）的耕耘下，一直在開拓發展，日益茁壯，特別是隋代統一到盛唐時代的兩百多年間，大乘八宗次第建立，教理宗義燦然大備，可以說是佛教昌隆的高峰──佛教的黃金時代。不過，佛教的基本教理是「緣起」、因緣和合生起。因緣是指許多因素條件，不是單一因素條件；所以任何一法的生滅變異，都是許多因素條件形成的，佛教的拓展茁壯，高僧輩出是因素之一，但不是唯一的因素。因緣和合促成事物的成長，因緣離散也促成事物的變異。就在佛教蓬勃發展的時候，由於因緣離散使發展中的佛教遇到了挫折，那就是「會昌法難」。

　　會昌法難發生在唐武宗會昌年間──西元八四二年至八四五年。唐武宗是一個道教信徒，他信仰道教信到狂熱的程度。他即位（八四一年）之後，馬上召集道士趙歸真等八十一人入宮，於大內修金籙道場，他本人也受了法籙，宮中一

切儀式皆依道教辦理。以後數年間，他初則禁止民間舉行佛教儀式，繼則廢除無寺額的佛寺、佛堂（這些佛寺、佛堂的僧尼悉令還俗）。終至於會昌五年，敕令祠部取消全國寺院及僧尼，廢棄佛寺四萬四千餘所，被迫還俗的僧尼二十萬餘人。會昌六年唐武宗逝世，佛教才沒有被他澈底消滅。

　　中國佛教之有法難，不止會昌一次。會昌之前，北魏太平真君七年（西元四四六年），有太武帝的滅佛；北周建德三年，有北周武帝的滅佛，何以前兩次滅佛，過了不久佛教就重予復興；而會昌滅佛之後，佛教就日趨保守沒落，不能再復興呢？這也是因緣，這是許多因素條件造成的後果，而不是某單一因素。不過主要的因素，是前兩次法難時，佛教本身發展的潛力猶在，外在的壓力（法難）減輕後，佛教本身療傷止痛，重予復興。但會昌法難之後，佛教本身的生命潛力不夠了，因此欲振乏力，日趨保守沒落。

　　佛教本身生命衰老是主觀因素，還有其客觀因素。原來歷史上所稱的「盛唐時代」，是指太宗貞觀初年，到玄宗天寶末年這一百二三十年時間。天寶末年，安、史之亂興起，兩京陷落。以後雖然光復，但唐朝的國勢就日走下坡了。尤其是「會昌法難」以後，時序進入晚唐，晚唐時代藩鎮割據，征伐戰亂不止；繼之五代十國，王朝交迭，烽火百年不熄。尤其是後周世宗顯德二年（九五五年）：世宗實行排佛政策，詔令廢止寺院三萬三百三十六所，又下詔毀佛像，收鐘、磬、鈸、鐸之類鑄錢。這是在會昌法難以後又一次重大的摧殘。

在這種社會背景下，以致寺院荒廢，經籍散佚，佛像法器盡燬，隋、唐時代鼎盛了兩百多年的佛教，至此零落殆盡。到了宋太祖建國（九六〇年），雖然很重視於振興佛教，無奈此時西土已無可供傳譯的經典，漢地亦乏弘揚法義的高僧。加以佛教本身生命力的衰老，這就是佛教由開拓發展到保守沒落的原因。這種保守沒落的情況，歷宋、元、明、清而延續到現代。

　　或者有人說：「現在臺灣的佛教不是十分昌隆嗎？何以說是保守沒落呢？」老實說，現在的佛教，有如「買櫝還珠」，徒留下佛教的軀殼，而失去了佛教的精神。我們十分懷念魏、晉、南北朝時代的佛教，尤其懷念那個時代的高僧。

　　　　　　　于凌波敬撰於臺中雪廬紀念講堂
　　　　　　　　二〇〇二年元月

改變歷史的佛教高僧

目　次

一、創立僧制的道安大師

在漢末桓帝靈帝時代，
西域傳來的經典日多，
道安乃按譯出先後，
編著譯經者名錄，
以供研究者查閱，
這是一項創舉。

一、　生逢亂世的天才少年

　　道安大師，是東晉時代傑出的佛教學者，也是佛教史上劃時代的高僧。道安大師以前，弘法傳教的都是來自西域的沙門；道安大師以後，中國僧侶才成為弘法傳教的主流。在東晉時代，他以一代宗師的身分，注釋經典，編纂經錄，制定僧尼規範，推動印度佛教的中國化。他對佛教的貢獻，可說是「繼往開來」；他對於佛教的影響，可說是既深且遠。他的德望功績，學識道風，歷來都受到佛教人士的敬仰。我們對這位大師的生平，有加以介紹與宣揚的必要。要介紹道安大師，就先要了解他所處的時代背景。

　　道安是常山扶柳縣（今河北省正定縣附近）人，出生於西晉懷帝永嘉六年（三一二年）。西晉是一個短命王朝，由晉武帝建國到晉愍帝滅亡，前後只有五十三年（二六五至三一七年）。但在亡國之前的十多年 —— 即晉惠帝永興元年（三〇四年），「五胡亂華」的戰爭已經開始了。匈奴人劉淵在這一年占據離石僭號建國，接著羯、鮮卑、氐、羌等邊疆民族相繼興起，逐鹿中原。此後，稱王稱帝者凡一十六國，以大河南北作為他們逐鹿的競技場，彼此混戰廝殺者凡一百三十六年（三〇四至四三九年）。所以道安大師七十四年的生命過程，全是在刀兵戰爭中渡過的。

　　道安出生於一個讀書人的家庭，《高僧傳》道安本傳上說
他：「家世英儒，早失覆蔭」。他生逢亂世，父母早喪，從小
受到一位孔姓表兄的撫養。道安五歲的時候，西晉王朝就滅
亡了。東晉雖然在建康（今南京市）建都，偏安江左，但北
方卻是五胡十六國的時代。先有匈奴劉淵與羯人石勒的角逐
中原，繼有鮮卑族慕容氏與氐族苻堅的鐵騎縱橫，中原糜爛，
民不聊生，道安就是在這種環境中成長的。

　　道安生性穎悟，七歲開始讀書，十五歲時已通達五經文
義，並涉獵佛經，《名僧傳抄》上說他十八歲出家，因為他長
得又黑又醜，不為他師父所重視，師父叫他到田中耕作。他
先後耕作三年，毫無怨言。後來他請師父給他一本佛經來讀，
師父給了他一本約五千字的《辯意經》。他利用在田中耕作的
空暇讀誦佛經，晚間把《辯意經》送還師父，請師父給他另
換一本。師父問他：「今日這一卷你讀過了嗎？」道安答：「已
熟讀成誦了」。師父要他背誦，果然背誦如流。師父又與了他
一卷約萬言的《成具光明經》，他第二天晚間，又在師父面前
把經文背誦出來，師父至此才知他天資過人，便對他另眼看
待。未久送他去受具足戒，並鼓勵他出外遊學參訪。

　　在他二十四歲的時候——東晉成帝咸康元年（三三五
年），道安到了鄴都（在今河南臨漳縣境）。鄴都是石趙的國
都，先是羯人石勒建立後趙，石勒死後，他的養子石虎殺石
勒子石宏而自立，自稱天王，國都也自襄國遷到鄴都。這時
自西域來華的沙門佛圖澄，駐錫鄴中寺，道安到鄴中寺謁見

佛圖澄大師。佛圖澄一見到道安，就對他非常賞識，跟他談論終日，意猶未盡。眾人見道安皮膚黝黑，形貌不揚，對之頗為輕視，也奇怪大師何以對他十分禮遇。佛圖澄對大眾說：「此人的器度，不是你們所能及的。」因為這樣，道安就留在鄴中寺，禮佛圖澄為師，隨侍左右。

佛圖澄大師是西域高僧，似為龜茲人。他幼年出家，清真務學，誦經數百萬言，善解法義。他雖然未讀過中國經史，而與中土諸學士辯論疑滯，沒有人辯得過他。他早年曾到過罽賓，受教於名師，善誦神咒，又善方技幻術。他於晉懷帝永嘉四年（三一○年）來到洛陽，這時他已年近八十，想在洛陽建寺，以遭逢世亂未果。這時羯人石勒屯兵葛陂。佛圖澄觀石勒殘暴，他憫憐蒼生，欲以佛道感化石勒。他到葛陂，以大將郭黑略的介紹，見到了石勒，並以神咒方技贏得石勒的崇信，尊他為「大和尚」，軍國大事，都來徵詢他的意見。到後來石虎自立，對佛圖澄尤其傾心信任。佛圖澄每有所言，石虎雖不能盡用，但也多少收斂一些他殘暴的習性。後來石虎遷都，佛圖澄也隨著到了鄴都。

道安事佛圖澄的時候，佛圖澄已年逾百歲。道安對他「終身服膺」，始終不懈。在他師事佛圖澄前後十餘年中，隨佛圖澄學習小乘經典，兼學大乘般若。以此對佛教大小乘理論都奠下基礎。佛圖澄登座說法，都由道安複述，以此引起其他弟子的不服，故意提出種種疑難問題與道安為難。道安「挫銳解紛」，輕易的一一解答，使眾人歎服。當時就流傳著「漆

道人，驚四座」這句話。漆道人者，是說道安面目黧黑也。

二、顛沛流離的傳道生涯

　　晉穆帝永和四年（三四八年），佛圖澄病歿於鄴都，世壽一一六歲。第二年，後趙主石虎也死了。這時石氏內亂，後趙境內許多異族也紛紛擁兵自立。道安為避兵亂，翌年轉徙到濩澤(今山西陽城)，從此開始了他十多年顛沛流離的生活。

　　濩澤是個很偏僻的地方，正是因為偏僻，所以才遠離兵燹之亂。道安初到濩澤時，他離眾孤居，研讀經典。後來名僧竺法濟、竺道護等也先後到了濩澤，他們共同研究後漢安世高所譯的禪觀方面的《陰持入經》、《修行道地經》和《十二門經》，並且為這些經作了注解。道安在濩澤住了兩年，大約於晉穆帝永和七年（三五一年），與同學竺法汰等北上，到雁門郡的飛龍山（今山西渾源縣）。在飛龍山遇到了初出家時的舊友僧光，兩人相見欣然，乃一同研究經典法義，特別是討論以「格義」解釋佛經的問題。

　　原來自漢末至劉宋時代，般若經十分流行，包括道安、慧遠等在內，研究般若的人為數很多。當時研究者為理解般若思想，多依據老莊玄學的意義，去理解及注釋般若經義，這就稱為「格義佛教」。同時，研究的人數眾多，對般若空義就產生了種種分歧的理解，這在當時有「六家七宗」之說，

道安、慧遠等就是「本無宗」的代表人物。格義佛教，有正反兩種作用：正面作用，是使中土人士容易理解及接受佛法；但反面作用，則容易使人對經義發生誤解。道安、僧光所討論的，就是這個問題。在《高僧傳》的僧光本傳中，有他二人的一段對話：

道安說：「先前格義的方法，於理多有違背之處。」

僧光說：「既然是向來沿用的方法，我們不宜隨便批評前人。」

道安說：「研究教理，要正確理解，無關乎批評前人的問題。」

由以上的對話中，可以看出道安的觀念進步，認為格義於義理多違。而僧光較為保守，認為既然是前人傳下來的方法，我們照舊使用，不可妄加批評。道安不以為然，他認為研究教理，正確最為重要，前人不前人，大可不必理會。

道安雖然反對格義，事實上他也未能完全擺脫格義；實在是因為那時佛學名詞不夠用，不能不借用老莊的術語來比附解釋。

晉穆帝永和十年（三五四年）前後，道安離開飛龍山，到了河北的太行、恆山一帶，創立寺院，弘傳佛教。那時異族胡人以大河南北為殺戮戰場，兵燹不息，農村破產，人民生活痛苦達於極點。道安在這裡傳弘佛教，建立道場，使人們得到精神上的寄託和慰藉。《高僧傳》說他：「改服從化者中分河北。」這是說，河北的出家人中，有一半都集中到他的

寺院中。山西雁門人慧遠，就是在這段時間內投向道安出家的。道安在河北聲譽日著，武邑太守盧歆，仰慕他的名望，遣使請他到武邑講經。道安推辭不過，應邀前往開講，受到信眾熱烈的歡迎。本傳中說他：「名實既符，道俗欣慕。」

　　道安四十五歲那一年（三五七年），一度又回到了鄴都，住在受都寺。這時道安的名望極高，所到之處，有數百位弟子相隨。但是這個時候的鄴都，是鮮卑族慕容氏後燕的國都。慕容氏不信佛教，加以戰亂不息，天災旱蝗，寇賊縱橫，道安和數百徒眾在鄴都生存不下去，不得已率眾到王屋山（今山西陽城縣境），本想耕作自給，但當地土地貧瘠，不宜種植，不得已渡過黃河，到了河南的陸渾縣，山居林處，以草木充飢。但是這個為數四五百人的僧團，在轉徙途中，生活雖苦，而修行講課不輟，可見其道風。

　　到了東晉哀帝興寧三年（三六五年）前後，後燕慕容氏攻略河南。這時剛好東晉名士習鑿齒，自襄陽致書道安，請他南下弘道。道安為避戰亂乃率眾南下。一行人走到新野時，在中途停留下來。他對隨行的弟子們說：「現在遇到凶年，不依靠國王大臣，則法事難以成立，也難廣為弘布。」他的意思是說：要佛法昌隆，必須得到政治力量的支持，同時也賴大家廣為弘傳。因此，他主張大家分途前進，不要走一條路到同一目的地。於是他命同學竺法汰，率領弟子曇一、曇二等四十餘人，沿江東下，到揚州去傳教；命同學竺法和帶領一批弟子，溯江而上，到四川去傳教。他自己則率領弟子慧遠

等四百餘人，向襄陽前進。

竺法汰等一行四十餘人，後來在建康（南京）廣宣法化，王侯公卿畢集，甚至於晉帝也親臨法會。竺法汰的弟子竺道生，在建康倡導涅槃佛性義，江南的佛法大盛，實是由竺法汰、竺道生等弘揚所致；竺法和一行人進入四川，在成都弘化，使蜀地佛教也興盛起來：這都是道安的遠見有以致之。

道安一行人自新野渡過白河，抵達襄陽——道安自永和五年（三四九年）離開鄴都，以後十七年間，為避戰亂，轉徙於河北、山西、河南等處，顛沛流離，從無安定生活。雖然如此，但他於所到之處，興學傳教，從不懈怠。及至抵達襄陽，襄陽是荊州之地，仍是東晉的疆域，此時襄樊一帶無戰爭，社會比較安定，道安一行人抵達後，住入白馬寺，開始了他為時十五年的治學、弘法的事業。

三、襄陽弘化十五年

襄陽有一位大名士習鑿齒，辯才無礙，冠於當時。他早已聞知道安的大名，並且曾致書通好，及至聞知道安到了襄陽，駐錫白馬寺，他就前往白馬寺拜訪。兩人初會，彼此通名；習鑿齒以名士的狂態，大聲曰：「四海習鑿齒」，道安微微一笑，應聲而答：「彌天釋道安」。通名之後，彼此相對大笑。而這一段有趣的問答，後來就流傳下來了。

習鑿齒對道安推崇備至，他在致謝安書信中稱：

來此見釋道安，他是一位非常有道之人，師徒數百，齋講不倦，無變化技術可以惑常人之耳目；無重威大勢可以整群小之參差；而師徒肅肅，自相尊敬，洋洋濟濟，乃是吾由來所未見。

習鑿齒信中的「無變化技術可以惑常人之耳目」之句，是有其原因的。道安的師父佛圖澄，《高僧傳》中說他：「善於誦神咒，能役使鬼物，以麻油加上燕脂塗在掌上，千里以外之事，皆於手掌中看見……」。這是說，佛圖澄是以神通變化的技術，得到石勒、石虎等胡人的信任。習鑿齒是學者，不相信誦咒變化這一套，所以讚揚道安「無變化技術，可以惑常人之耳目」，而是以齋講不倦，自相尊敬得到別人的讚歎。

道安在襄陽，與名士達官交遊。名士如習鑿齒，達官如郗超，這仍是依靠政治力量護持佛教的意思。此外，他主要是致力於講經弘化。他每年講《放光般若經》兩次，十餘年從不間斷。他還蒐集漢、魏、晉代所譯出的各種佛經，加以整理、注釋，編纂出一部佛經目錄，這就是古稱的《綜理眾經目錄》。同時他也研究自印度傳入中國的僧伽制度，參酌中國國情加以改善。茲分述其成果如下：

一、考校、注釋經典：印度佛經之傳入中國，開始漢譯，始於東漢桓帝（一四七至一六七年）年間，以安息國人安世

高為始。此後歷時二百餘年，譯出了很多的經典。當時尚沒有發明印刷術，譯出的佛經都是展轉抄寫流通的。道安感於舊時經典，或以翻譯時謬誤，或以抄寫時遺漏，致使經義難明。於是他窮覽經典，作了一番考校、注釋的整理工作。《出三藏記集》卷十五稱：「佛經譯出已久，而早期翻譯時有錯誤，致使深義隱晦不明。常有弘傳講說人，唯能敘其大意，等於轉讀而已。道安窮覽經典，鉤深致遠；他所註的《般若》、《道行》、《密跡》、《安般》等經，各加考證、注解，成書二十二卷。經典之條貫分明，文理會通，實自道安法師開始。」道安考校翻譯出的經本，注釋其經文；為了便於講解經義，他分佛經為序分、正宗分、流通分三部分，使佛經要旨能一目瞭然，而經義由此更具系統。這佛經三分的方法，遂為後世所沿用，至今而不改。

二、編纂《綜理眾經目錄》：由漢魏到兩晉，經典流傳的數量日多，而譯經者的姓名年久湮沒，不為人知；譯經年代亦多混淆。道安有鑒於此，他蒐集漢魏以來譯出的經典，加以考證，按時間先後順序加以排列，注上譯經者的姓名，編輯成書，這就是最早的佛經目錄──《綜理眾經目錄》。在《出三藏記集》卷二上說：「在漢末桓帝靈帝時代，西域傳來的經典日多，像安清、竺佛朔、支讖、嚴佛調等，譯梵文成漢字。譯出的經典日多，道安乃按譯出先後，編著譯經者名錄，以供研究者查閱，這是一項創舉。」道安的這一部《綜理眾經目錄》早已失傳。不過在梁代僧佑所撰的《出三藏集記》（簡稱

《佑錄》，撰於齊明帝建武四年），將道安的眾經目錄的內容，大部分採入《出三藏集記》中，所以讀僧佑的《出三藏集記》，就可以窺知安錄的內容。安錄的編列，是以譯人、年代為順序，自東漢安世高開始，到西晉末年法立為止，列名經錄的有十七家，譯經二百四十七部，合四百八十七卷。

　　三、制定僧尼規範：道安在襄陽期間，除了從事注釋經典，編纂經錄外，並且講經說法，導化道俗，以致「四方之士，競往師之。」法席之盛，一時無兩。但是佛教傳入中國已經三百多年，中土尚沒有一套僧尼的生活規範，以致四方僧尼無所遵循。道安有鑒於此，他根據佛教戒律，參酌中土國情，制定了一套僧尼規範。《高僧傳》本傳稱：「道安法師道德高尚，學兼三藏，他所制定僧尼軌範，佛法憲章，分為三……」，這三條規範是：一是行香定座上經上講之法，也就是法師升座講經的儀式；二是常日六時行道飲食唱時之法，包括上殿課誦、早晚功課等；三是布薩差使悔過等法。布薩就是每半月一次的誦戒集會，差使悔過是每年夏安居結束之日，比丘請大眾檢舉自己的過失，面對大眾懺悔，此亦稱自恣。道安所制定的僧規，「天下寺舍，遂則而從之。」不但當時如此，一直傳承到現代，用的還是這一套軌範。

　　道安以前，漢地的出家人多隨師姓。道安以為，師莫如佛，沙門應以釋為姓。後來《增一阿含經》譯出後，果然有「四河入海，無復河名；四姓出家，同稱釋氏」的經文。沙門以釋為姓，行之至今無改。

　　當時的襄陽，是東晉江北重鎮，南北要衝，人文薈集，市面繁盛。道安在此弘化，受到道俗普遍的歡迎與支持。地方上名流顯要，如荊州刺史桓豁、襄陽太守朱序等，都與之交往。道安知道時當亂世，「不依國王，則法事難興。」為了弘化順利，所以也與地方權貴維持著良好的關係。道安初到襄陽，駐錫白馬寺。白馬寺是一處歷史悠久的名剎，但建築不夠寬敞，四百多人住進去過於擁擠。他乃在檀溪另造新寺，名曰檀溪寺。

　　檀溪寺本是清河張殷的住宅，改建之時，許多大富長者，都予以財力上的支持。涼州刺史楊弘忠，送銅萬斤，要造承露盤。道安寫信給他說：「露盤已由汰公營造，可否即以此銅鑄造佛像？」楊弘忠欣然允諾。寺成，有佛塔五層，僧房四百多間。佛像高一丈六尺，神彩燦然。時遠在長安的秦主苻堅，聞得道安法師的道響，遣使供奉外國金箔臥佛像、金色坐像、綴有珠玉的彌勒像、金色紗縷繡像各一尊。以後每當講經法會之時，羅列尊像，懸掛幢幡，珠佩輝映，煙花四放，莊嚴無比。

　　道安在襄陽前後十五年，每歲皆講《放光般若經》兩遍，未嘗中斷。晉孝武帝在建康，聞道安德化，遣使通問，並有詔書曰：「道安法師是一位器識高遠的高僧，他的教化不但規濟當今，並且影響後世。著由當地政府，供養他與王公相等的俸祿。」

四、十萬雄師迎道安

　　東晉穆帝永和七年（三五一年），氐人苻健在長安建立秦國，自稱皇帝，數年後苻健死，子苻生繼位。穆帝升平元年（三五七年），苻健族人苻堅弒苻生自立。苻堅在長安，素聞道安之名，心中十分景慕，他嘗說：「襄陽道安是難得的人才，我想招他前來，輔佐我治理國家。」晉孝武帝太元四年（三七九年），苻堅遣大將苻丕，率兵攻占襄陽，俘虜了襄陽太守朱序。這時道安為朱序所留，不得他去，苻丕乃迎得道安與習鑿齒同歸，載至長安。道安抵達，苻堅大喜，謂尚書僕射權翼曰：

　　「朕以十萬之師取襄陽，唯得一人半。」

　　權翼問：「一人半是誰？」

　　苻堅曰：「安公一人，習鑿齒半人也。」

原來習鑿齒一條腿有病，故苻堅稱他為「半人」。

　　道安在長安，苻堅對他極為尊崇，安置他住在長安五重塔寺。長安僧侶數千，全由道安領導，他等於是秦國的僧團領袖。另一方面，秦主苻堅於軍國大事，也時常向道安諮詢。有一次，苻堅遊東苑，約道安同行，並命升輦（皇帝坐的車）同載。大臣權翼諫曰：「臣聞天子法駕，侍中陪乘，道安毀形（指其剃了頭髮），怎可與天子同乘？」

苻堅立刻拉下臉訓斥權翼說:「安公的道德，無人可比，我請他與我同輦，未足以稱其德。」權翼慚赧，無言可對。

道安由襄陽到長安之時，年已六十七歲，這是他生命中最後的七、八年。他這一段時間的佛事活動，除了主持有僧侶數千的五重塔寺外，主要是組織中外沙門，致力於佛經翻譯的工作。原來印度佛教傳入中國，在漢、魏、兩晉時代，主要是以翻譯佛經為主。但早期譯經，多是小規模的私人譯述。這一時期譯經有幾個特點：一者，當時的譯經師，多是來自西域，在華學習中土語言文字，約得一二個助手，著手譯經；二者，當時沒有梵本經書，譯經時多賴口誦，而無原本對照；三者，由於私人譯述，受人力財力的限制，譯出多是單卷或小本的經，沒有大部的經。大部頭的經，是官方支持的譯場出現後才譯出的。如上百卷的《大智度論》，是鳩摩羅什在逍遙園譯場譯出的；六百卷的《大般若經》，是玄奘三藏在慈恩寺譯場譯出的。

我國之有國家支持的譯場，實自道安法師開始。道安不通梵文，他自己未嘗有所譯述。但是苻秦時代長安的譯經事業，實在是由道安主持。他在五重塔寺設置譯場，請西域沙門翻譯佛經。如僧伽提婆之譯出《阿毘曇八鍵度論》，鳩摩羅拔提之譯出《毘曇心論》，曇摩鞞之譯出《摩訶波羅蜜經》，竺佛念之譯出《毘奈耶》，以及曇摩難提之譯出《中阿含經》、《增一阿含經》、《三法度論》等，共計譯出經典十四部，一百八十三卷，都是這段時間的成果。協助道安主持譯場的，

還有竺佛念、竺法和——早年曾自新野率弟子入蜀弘化，後來又回到道安身邊。

　　道安對於經典翻譯的得失、文體的釐正，均有過人的見解。對於梵經漢譯，他有「五失本三不易」之論。五失本者，由於梵文、漢文的文法不同，譯經時有五種易犯的過失。這五種過失是：

　　一者、謂句法倒裝，即梵文與漢語之文詞顛倒。

　　二者、謂好用文言，指原文質樸，而漢譯時多加以潤飾之語。

　　三者、謂原文常有反覆詠歎之句，漢譯時多被刪除。

　　四者、謂原文中常夾雜注解，漢譯時這些注解的文字常被刪去。

　　五者、謂原典中說畢一事，常再重複前文，漢譯時常刪去後段重複前段的文字。

　　三不易者，是指梵經漢譯時，有三種情況使譯者很難譯出佛典原意。

　　一者、謂既須求真，又須喻俗，很難兼顧。

　　二者、謂佛智懸隔，後世淺智凡夫，難於契會聖者的徵妙法音。

　　三者、謂去古久遠，世代口耳相傳，恐有訛誤，而無從查證。

　　由以上諸點觀察，足見譯事之難。所以道安在〈比丘大戒序〉中，曾感慨言之曰：「翻譯的人認真考校者少，先人所

傳的經典，相承上以為本來如此……但其中以展轉傳譯，難免有失旨之處，深感遺憾。將來學者，要想充分了解先聖之言，宜詳閱細讀。翻譯的人譯梵文為秦語（秦國語言，即漢語）若過於簡略，等於是葡萄酒加水，失去了原味。」

　　道安在主持譯經事業的同時，尚致力於《般若經》的研究與宣揚。他在襄陽十五年，每年講《放光般若經》兩遍。到長安後，此例不改。當時的社會上，佛教理論有兩大系統，一是安世高傳譯的小乘禪學，一是支婁迦讖傳譯的大乘般若學。小乘禪學，重視禪定的修習。惟在當時，其修習的方法，與道家的呼吸吐納之術有相似之處，因此，在社會上依附著道家神仙方術而得以流行。而般若學是以空性為義，它是通過「本無」來說明性空之理。這與當時老莊玄學頗有相似之處，因而也依附著老莊玄學而得以傳播。而道安卻融會這兩大系統的思想，成為當時佛教理論之集大成者。他在〈合放光光贊略解序〉一文中說：

　　　痴則無往而非徵，終日言盡物也，故為八萬四千塵垢門也；慧則無往而非妙，終一日言盡道也，故八萬四千度無極也，所謂執大淨而萬行正……。

他的意思是說：沒有智慧愚痴之人，無往而不生窒礙，一切言說都不合理，所以成為八萬四千塵勞門；有智慧的人無往

而不順適，一切言說無不合道，所以成為八萬四千波羅蜜。所謂執大淨而萬行正，就是這個道理。

道安在修持方面，非常重視禪定止觀。他認為從禪修中可以達到：「雷霆不能駭其念，火燋不能傷其慮」的境界；這種忘我的境界，可以造成世界的安樂。

五、彌勒淨土的實踐者

道安晚年，以佛教領袖的地位，在關中弘化，受到前秦主苻堅的崇敬與禮遇。這時前秦已完全統一了北方，它的疆域東至海邊，西併龜茲，南包襄陽，北抵大漠。只有建康（東晉）一隅未服，苻堅每引為憾。他嘗對侍臣說：「朕要以晉帝為僕射，謝安為侍中。」那是說，他要出兵滅晉，要晉帝和謝安為他的臣屬。苻堅之弟平陽公苻融，與大臣石越等，懇切諫言，苻堅不聽，他們轉而求道安曰：「主上要對晉用兵，你寧不為天下蒼生進一言嗎？」安公藉著一次與苻堅見面的機會，進言規勸說：「陛下應天御世，有八州之富，居中土而制四海，應謹守無為之教，與堯舜比隆。現在欲以百萬之師，求取東南卑溼之地，古時舜禹遊而不能返，始皇去而不能歸，故東征之舉，非愚心所敢同意也！」苻堅答曰：「非地不廣博，民不足治，不過是使天下知道天心之所在而已。」

安公曰：「若鑾駕必動，可先到洛陽，養精蓄銳，傳檄江

南，如果對方不服，再作討伐之計未為晚也。」

　　苻堅平時對道安的話言聽計從，而此時只感到忠言逆耳，不予採納。晉孝武帝太元八年（三八三年），苻堅以大將苻融，率精銳二十五萬為前鋒，自率步騎六十萬東下攻晉。是年八月出兵，十一月在淝水兵敗而還，前秦經此一戰，國勢便一蹶不振了。

　　道安是彌勒淨土的信仰者，他晚年時與弟子法遇等，曾在彌勒菩薩像前立誓，願生兜率內院。後秦建元二十一年（三八五年）的二月八日，道安晨間對弟子們說：「我今天該走了。」早齋用畢，無疾而終，世壽七十四歲。

　　道安的著作，收於《大藏經》內的，有《人本欲生經注》一卷。在《出三藏記集》中收錄有他的經論序十四篇，還有他《綜理眾經目錄》中的原文兩段，以及《鼻那耶經》卷首的序文一篇。

　　一代譯經大師鳩摩羅什，小於道安三十二歲。道安晚年到長安時，聞鳩摩羅什在龜茲，夙負慧名，常想與他研究法義，每勸苻堅遣人迎之。羅什在西域，亦遠聞安公道風，常遙對東方行禮，稱為東方聖人。苻堅遣將呂光出征西域，兼迎羅什。羅什未至而道安已逝。十六年後，羅什抵長安，以未能與道安見面引為大憾。

二、結社念佛的慧遠大師

慧遠在廬山，雖老，
講論不輟，弟子中或有墮者，
慧遠曰：「桑榆之光，理無遠照。
但願朝陽之暉，與時並明耳。」
執經登座，諷誦朗暢，詞色甚苦。
高足之徒，皆肅然增敬。

一、襄陽分別的一幕

東晉後葉，建國長安的前秦主苻堅，是一個崇信佛教的人，他素聞高僧道安在襄陽弘化，他對道安十分景慕，對臣下說：「襄陽的道安大師，是一位不世出的人才，我希望能請他到長安來，輔佐我治理國家。」襄陽當時是東晉的國土，為了迎請道安，苻堅於東晉太元三年（三七八年）派遣大將苻丕，率領十萬大軍，南下進取襄陽，迎接道安。

道安早年原在北方弘化，因為北方戰亂不息，他不得已率領著四百多名弟子南下襄陽避亂。他在襄陽建造了檀溪寺，講學傳道、研究經典。到苻丕帶兵取襄陽的時候，他在襄陽已經弘化十多年了。苻秦大軍進犯的消息傳到襄陽，道安本可以帶著弟子遠走他方，離開戰地，但是襄陽太守朱序堅決的挽留他。朱序蒞任已兩年餘，他一向奉道安為他學業上的老師，也是他政治上的顧問，因此他挽請道安留在襄陽，作為他守襄陽的精神支柱。道安為朱序情誼所感，不得不留下來。但他也考慮到自己可能因城破被俘，為了使佛法廣以傳布，他決定再一次分散徒眾，要他們分別到不同的地方，去撒布佛法種子。

事實上，道安在十多年前於來襄陽的途中，在新野縣曾經分散過一次徒眾。當時，他也是基於佛法廣為傳布的理念，

對弟子們說：「要佛法昌隆，必須賴大家廣為弘傳。」因此他主張大家分途前進，到不同的地區去弘道。他命他的同學竺法汰，帶領一批弟子東下揚州去弘化；又命同學竺法和，帶了一批弟子西上益州（四川）去弘化；他自己則率領弟子慧遠等四百餘人到了襄陽。如今事過十多年，長江下游的揚州、建康，長江上游的益州成都，都成為佛法很興盛的地方。現在如果藉著襄陽面臨戰爭的機會，再一次把弟子們分散出去，讓他們到沒有佛法的地方去弘化，這對佛法弘傳應該是一件大有助益的事。

　　道安把他的理念與弟子們溝通，弟子們接受了他的主張。到大家分批分別上路的時候，道安一一予以臨別訓誨。而獨對他最看重的弟子慧遠，卻沒有一句臨別的囑咐。慧遠有點惶恐的跪問：「遠不成材，老師對大眾皆有訓勉，何以對我沒有一些訓示呢？」

　　道安說：「像你這種根器，這種見識的人，我還為你擔什麼心呢？」

　　慧遠二十一歲出家，隨侍道安二十五年，師徒彼此相契於心，由這段對話可充分證明。不過慧遠卻想：師父雖然對自己充分信任與放心，但是在這離師遠行的一刻，難免心中悽惻。慧遠辭別師父的時候，年已四十五歲。他們這次分別之後，兩人天各一方，此後就沒有再度相見的機會。

　　道安分遣弟子以後，陪著朱序留在襄陽。到太元四年（三七九年）初春，苻丕大軍抵達，襄陽城破，道安與朱序，及

襄陽名士習鑿齒等人被俘，隨著苻丕大軍到了秦國。這以後，道安大師在長安，又開始了他為時七年的譯經傳教事業，而於晉孝武帝太元十年（三八五年）在長安逝世。

二、　道安眼中的佛門龍象

慧遠俗家姓賈，雁門樓煩（今山西崞縣東部）人，晉成帝咸和九年（三三四年）出生。賈家本為士族，慧遠自幼即受到良好的教育。他本來聰穎好學，加以家庭刻意的培育，十二歲時已是一位博學的少年。當時雁門是後趙的統治區，後趙石虎建武十二年 —— 東晉穆帝永和二年（三四六年），慧遠十三歲的時候，隨著舅父令狐氏到洛陽遊學。洛陽在東漢、西晉時代，是全國政治、學術的中心，慧遠在洛陽學習儒家典籍，數年之間便融會了六經義理，也通達老、莊之學。《老子》、《莊子》與六經中的《周易》，合稱「三玄」，是融合儒、道兩家玄學的基本著作。慧遠於此下過苦功，故而長於三玄。

慧遠在洛陽遊學的第四年，後趙國主石虎逝世，他的子孫為爭取帝位發生戰亂。慧遠一家人可能在戰亂中遇難，他的一個十三歲的弟弟逃到洛陽，就是後來與慧遠同時出家的慧持。晉永和十年（三五四年），慧遠二十一歲，在這種國家動亂、家族變故的情形下，玄學思想支配了他的行動，他帶著年已十八歲的弟弟慧持，想到南方豫章郡（今江西南昌），

去與名儒范宣子結鄰隱居。但走到中途，因戰亂造成道路阻
礙，乃中途折返。

　　世人身處亂世，在遭逢重大變故的時候，往往會萌生遁
世的思想。慧遠當時也是如此，他想到豫章隱居未成，這時
聞知高僧佛圖澄的弟子道安大師，在太行恆山建寺弘法，名
聞遠近，大河以北的出家人，一半都集中在恆山。慧遠這時
進一步有了出家修道的意念，他帶著弟弟慧持，到太行恆山
拜見道安大師。年方二十一歲的慧遠，不僅學識淵博，識見
過人，並且器宇不凡，善於辭令，道安一見他便產生好感；
相對的，道安大師這時已年逾四十，雖然形質粗陋，面目黧
黑（道安有漆道人的稱號），但他高雅的舉止，睿智的談吐，
也使慧遠一見傾服。繼而他聽道安講《般若經》，說到世間萬
法只是因緣和合下的現象，本質上都是「空性」，虛幻不實。
惟其是虛幻不實，才有生滅變化，這在義理上更超越於老莊
的學說。他當時感歎著說：「儒道九流的義理學說，若與佛經
相比較，皆是糟糠了。」於是他就和十八歲的弟弟，一同禮道
安為師，從之出家。道安為他兄弟二人剃度，分別賜名慧遠、
慧持。

　　慧遠出家後，在道安身邊，勤誦精思，晝夜研習，對於
道安所倡弘的般若之學，用功獨多，特別有領會。他常以立
宗弘法為己任，惟兄弟二人流落異鄉，沒有家庭的接濟，資
財貧乏，過著十分清苦的生活。但二人在學習上卻從不懈怠，
焚膏繼晷，苦究般若。這時有一位名叫曇翼的同學，為慧遠

兄弟的精神所感，認為二人在道業上必有成就，就經常資助他們燈油錢。後來道安大師知道了，欣慰的說：「曇翼是一個能發現人才的人。」

　　慧遠本來通達六經，長於三玄。現在進一步研究佛經，熟讀般若，發現以「格義之學」——就是以玄學的名詞、概念來比附佛學的義理，於深奧難懂的佛經，就比較容易理解。慧遠於二十四歲時開始登壇說法，他洞達佛理，辯才無礙，聽眾悅服。有一次，座中有人不懂般若實相的意義，慧遠以《莊子》的文句來比附，使對方理解其類似的要點，聽眾深為滿意。道安大師嘗讚歎說：「使佛法在中國普遍流傳，恐怕要由慧遠來承擔了。」由此道安便特准慧遠於佛經之外，可以閱讀諸子百家的世學之書。

　　慧遠隨侍道安的第三年，北方發生了冉閔之亂，道安帶著弟子們離開恆山寺，又回到他早年出家之地的鄴都。這時鄴都是鮮卑族慕容氏後燕的都城。慕容氏不信佛教，加以旱蝗為虐，民不聊生。道安與數百弟子在鄴都生存不下去，不得已又帶著大眾轉徙到山西的王屋山、河南的陸渾縣（今河南嵩縣）等處。他們一行人山居林處，以草木充飢，雖然展轉流徙，而修學齋講不斷。這樣到了東晉興寧三年（三六五年），後燕慕容氏大軍攻略河南，道安不願做燕人的順民，又帶領弟子向南渡過伊水，經南陽、新野，奔向襄陽。

三、由襄陽到廬山

　　當時的襄陽,是東晉江北的重鎮,人文薈集,市面繁盛。道安在此弘化,受到道俗兩眾普遍的歡迎。他們初到襄陽時住在白馬寺,但因寺院狹隘,所以另在檀溪建造新寺,名曰檀溪寺。一行人初到襄陽不久,在新野辭別道安往揚州布教的竺法汰,於行經荊州治所江陵時,因病滯留在江陵治療,道安大師知道了,命慧遠代表自己去探視。當慧遠到達江陵時,竺法汰病體已癒,尚待休養,慧遠就留下來照應他。

　　當時江陵流行的佛教,是般若一系的「心無宗」。原來自東漢末年以後,般若學盛行,道安也是研究般若的。當時研究般若的人很多,對於般若「空」義的理解也有種種分歧,而形成了不同的派別,當時稱之為「六家七宗」。這七宗的名稱是本無宗、即色宗、識含宗、幻化宗、心無宗、緣會宗、本無異宗。這七宗之中,一般以本無宗、即色宗、心無宗三家為主流。而本無宗正是道安一系學者的理論,心無宗是竺法溫、道恆、支愍度等的理論。而心無宗的中心人物道恆,此時就住在江陵。

　　心無宗的學說,認為心識之外的宇宙萬物,是種種客觀的存在。學習佛法的人,務必要無意於宇宙萬物,排除宇宙萬物的干擾,才能保持自心的清淨,而修行證得涅槃。簡要

言之，就是主張「空心不空境」。這一種學說與其他派系的區別，在於它沒有否定宇宙萬物客觀的實在性，也沒有肯定萬物的自性空。這在般若學的本無宗看來，是一種不可容忍的邪說。而竺法汰是道安「本無宗」的學者，本無宗認為所謂本無即是「性空」，宇宙萬物本性空寂，亦即是「性空緣起、緣起無性」的意思。竺法汰為了護法與傳道，決定對心無之說加以清除。在慧遠到了江陵之後，竺法汰遍請荊州高僧集會，道恆也在邀請之列，在會上辯論般若的空義。第一天，竺法汰的弟子曇一與道恆辯論，曇一失敗；第二天由慧遠與道恆辯論，慧遠首先闡明世界萬物的本性空無，我人的心識包括太虛，因心如太虛，故能賅括一切，心外沒有客觀實在。以此駁倒道恆，道恆亦承認失敗。據《高僧傳》記載，以後江陵地區的心無宗就逐漸消失了。

不久慧遠回到襄陽，向道安報告他江陵之行的經過，此後就隨侍道安身邊，協助弘法布道。直到了十餘年後，苻秦大軍進兵襄陽，道安第二次分散弟子的時候，慧遠與師兄弟慧持、曇徽和四十多名弟子，辭別道安離開襄陽。他們離開襄陽後，打算到嶺南羅浮山去。他們南行到了荊州上明寺（在湖北松滋縣西方）暫住下來，不久就傳來襄陽失陷的消息，同時也獲悉師父道安隨著苻丕西去了長安。

慧遠一行在上明寺停留了一段時間後，遂南下前往羅浮山。及至行到潯陽（今江西九江），住在龍泉精舍，這時有一位師兄弟慧永登門相訪。原來早年道安第一次分散徒眾的時

候，慧永想往羅浮山開拓弘法之地，但在道經潯陽時，為潯陽人陶範挽留。陶範是東晉故大將軍陶侃之子，曾在朝任過光祿勳，他十餘年前為一位曇現法師在廬山建了一座西林寺，現在曇現已逝，陶範乃挽留慧永住持西林寺。慧永幼年正是依曇現出家的弟子，因此他就留在廬山，在西林寺安居弘道，也有許多門徒相隨。慧遠帶著弟子到了潯陽，慧永聞知，特來相訪。他見龍泉精舍狹隘，就請慧遠一行人到西林寺居住。

慧遠進入廬山，見群峰林立，飛瀑流泉，林木蔥蘢，雲海彌漫，雄奇秀麗兼而有之，尤其是山林幽靜，是一個修道的好地方。因此決定在廬山住下來。慧永一方面邀請慧遠一行住入西林寺，另一方面他與江州刺史桓尹相商說：「慧遠法師弘揚佛道，門下弟子眾多，遠來求法者也與日俱增，我請他住入西林寺，而居處亦太偏狹，如何是好呢？」

桓尹本已久仰慧遠大名，慨然應允為慧遠另建一所寺院。東林寺於太元十一年（三八六年）建成，位於廬山西北麓的香爐峰下，號稱「卻負香爐之峰，傍帶瀑布之壑。」這裡四面環山，前臨虎溪，風景絕佳，慧遠與弟子共遷入東林寺。

四、廬山的弘法事業

慧遠進入廬山時，年已五十一歲。以後他在東林寺講學弘道、譯經著書，前後三十餘年。在他六十歲以後，足不出

山，送客不逾虎溪。《高僧傳》上稱他：「卜居廬阜，三十餘年，影不出山，跡不入俗，每送客遊履，常以虎溪為界。」慧遠入廬山的第二年，道安大師在長安逝世。慧遠自此繼承安公志業，弘法傳道，以教法移風易俗。他在廬山的弘法事業，可分做三方面來敘述：

一者、聚徒講學，培育人才：慧遠在廬山，「率眾行道，昏曉不絕。」他生平精研般若，同時也通達其他經論。他在廬山除了講《般若經》外，還開講《法華經》和《涅槃經》。他不但自己勤於修學，精進不懈，並且以此勉勵弟子。以此，入山求法者日增，形成了為後人所稱的廬山僧團。

二者、派遣弟子，西行求法：慧遠在廬山定居後，有感於南方的佛典不完備，「禪法無聞，律藏殘缺。」他乃派遣弟子支法領、法淨等人西行求法。支法領一行人「踰越沙雪，曠歲方返。」據《高僧傳·佛馱跋陀羅傳》記載，支法領一行人曾遠涉流沙，到達于闐國，得到《華嚴經》前部經文三萬六千偈，及其他經典若干，返回廬山。《高僧傳·僧肇傳》亦載，僧肇〈答劉遺民書〉有云：「領公（支法領）遠舉，乃是千載之津梁。於西域還，得方等新經二百餘部。」由此看來，支法領等一行人西行求法，成績頗為可觀。

三者、建般若臺，提倡譯經：慧遠既感於南方的經典不夠完備，派遣弟子西行求法，同時也推動了譯經事業。這可能也是受到道安大師的影響，道安大師自襄陽到長安後，即在五重塔寺設置譯場，請西域沙門翻譯佛經。如僧伽提婆之

譯出《阿毘曇八犍度論》，鳩摩羅拔提之譯出《毘曇心論》等，共計譯出經典十四部，一百八十三卷，這都是在道安大師逝世前的事。慧遠在廬山東林寺建造了般若臺，作為譯經場所，聞有西域沙門來華，便殷勤邀請。最早在般若臺譯經的，是罽賓沙門僧伽提婆。僧伽提婆是太元八年（三八三年）到達長安，在五重塔寺譯出《阿毘曇八犍度論》。後來提婆東下洛陽，繼而應慧遠之請，南赴廬山，譯出《阿毘曇心》及《三法度》等經典。慧遠在其所撰〈阿毘曇心論〉序中，敘述到提婆傳譯此論時的情形：

> 提婆手執胡本，口宣晉字，臨文誡懼，一章三復，遠亦寶而重之，敬慎無違。然方言殊韻，難以曲盡，儻或失當，俟之來賢，幸諸明哲，正其大謬。晉太元十六年出。

　　晚於僧伽提婆在廬山譯經的，是北天竺的佛馱跋陀羅。他是晉安帝義熙二年（四○六年）到達長安，時鳩摩羅什在逍遙園譯經，聞其到達，倒屣相迎，共相討論法義，相處頗為融洽。後來因受羅什門下僧碧、道恆等的排斥，乃率弟子慧觀等四十餘人，南下渡江到廬山，慧遠欣然相迎，其時約在晉義熙七年（四一一年），應慧遠之請，在般若臺譯出《達摩多羅禪經》二卷，慧遠親自為之作序，強調修持禪業的重要性。由於慧遠的提倡，禪法在江南大為流行。佛馱跋陀羅

後來到建康道場寺，率沙門百餘人譯經，前後譯出經論十五部，一百二十二卷，到印度求法的法顯，歸國後即在建康與佛馱跋陀羅共同譯經。

罽賓沙門弗若多羅，於後秦弘始六年（四○四年），在長安誦出《十誦律》，由鳩摩羅什譯為漢文。譯了三分之二，而弗若多羅病逝，譯事中輟。一年之後，西域沙門曇摩流支到達長安，慧遠特遣弟子曇邕致書，祈請譯出未竟的《十誦律》。流支與羅什合作譯出全律，漢地得有完本。

五、南北兩大佛學中心

晉隆安五年（四○一年），鳩摩羅什自西涼抵達長安，在逍遙園傳譯經典；而慧遠在廬山東林寺講經弘道、譯經著書，此後十餘年間，兩位大師維持著密切的交往，也使長安與廬山，成為南北兩大佛學中心。

羅什抵達長安之年，時已五十八歲。秦主姚興對他十分尊崇，待以國師之禮，請他住在逍遙園開譯場翻譯經典。這時，慧遠進入廬山已十有八年，他年長於羅什十歲，聲名遠被，但他聞羅什入關，即遣人致書通好。羅什得書亦即作答，書曰：「經上說未來東方當有護法菩薩，原來就是仁者；護法弘道要具備五個條件，所謂福、戒、博聞、辯才、深智。兼有這些條件則佛法昌隆，不具備這些條件則佛法停頓疑滯。

這些條件，仁者都具備了！」

　　這時，廬山僧侶道生、慧睿、慧嚴、慧觀等，都受了慧遠的影響，西入長安，同往鳩摩羅什座下受業。羅什門下有四聖、十哲等稱號，道生都列名其中；慧觀後來師事佛馱跋陀羅，隨同佛馱跋陀羅又回到廬山。

　　晉義熙元年（四○五年），鳩摩羅什譯出《大智度論》一百卷，後秦主姚興致書慧遠，請為作序。姚興對《大智度論》十分重視，他認為此論是大乘經典的旨歸，他在致慧遠的信中說：「長安修道學者，大家互相推謝，無人敢動手，故特請法師作序，以貽後世學者。」慧遠對《大智度論》認真的加以研讀後，他除了寫序之外，並提出了一些他自己的疑問請羅什解答。並且，他以為一百卷的《大智度論》，「文句繁廣，初學難尋。」乃抄略其要點，撰成二十卷的《大智度論抄》，以便於流通。

　　慧遠與羅什之間，信使不斷，長安是北方佛教重鎮，廬山是南方佛學中心。兩位大師之間以書信進行學術討論，促進了南北佛學的交流，推動了中國佛教的發展。後人將慧遠與羅什二位討論法義的書信，輯為《大乘大義》三卷十八章。

　　佛教傳入中國之後，沙門修行的方式一直受到儒家的非難，這包括著出家人的服裝和禮節在內。出家人所著的袈裟，在印度古代，只是三塊大小不一、長方形的布（稱為三衣），斜披在身上，右臂露在外面，即所謂「偏袒右肩」，這是印度出家人古老的傳統。但中國傳統的禮制，是「吉事尚左，凶

事尚右」，因此，出家人的服制就和中國古制不合了。為了此事，晉室的鎮南將軍何無忌，曾親到廬山訪問慧遠，加以討論。慧遠對他解釋說：沙門「遁世遺榮，反俗而動。」本來遵守的不是傳統的禮制。這件事解釋過也就算了，但沙門禮節的問題，卻引起了軒然大波。

　　本來，依照佛制，沙門不禮敬王者。釋迦牟尼佛住世時代，遊化恆河流域，當時各國的國王都是佛陀的皈依弟子，他們見到佛陀的時候，都是「頭面著地，禮世尊足」，行最恭敬的大禮。所以沙門見著國王，都只是合掌問訊，而不行跪拜大禮。但在中國來說，與傳統的禮制是相違的，對專制帝王的絕對權威也是不利的。在漢魏西晉時代，佛教傳入中國未久，在社會上的影響力薄弱，所以沙門禮節問題未被凸顯出來。西晉時代，老莊思想盛行，社會崇尚清談，沙門也被視作隱逸一類的人，沙門禮節也未為人提出討論。到了東晉時代，最初提出這個問題的，是晉成帝時代的庾冰。庾冰是輔弼大臣，他主張沙門必須禮敬王者，而尚書令何充則認為無此必要。禮官的意見與何充相同。這樣經過多次的辯駁周旋，並未辯出結論。這些辯論的文字、詔書、奏書等，都收在《弘明集》中。

　　後來晉室權臣桓玄也提出此一問題，慧遠與他反覆辯論。他在〈答桓太尉書〉中明確的表示：「袈裟不是朝中的官服，缽盂不是廊廟的用具，沙門是世外之人，不應致敬王者。」後來他還寫了一篇〈沙門不敬王者論〉的長文，進一步發揮他

在〈答桓太尉書〉中的觀點，在理論上對沙門不禮敬王者，作了更有系統的論證。

六、結社念佛、開創淨土法門

晉安帝元興元年(四○二年)，慧遠在廬山始創結社念佛。《高僧傳》慧遠本傳上說：一些守律息心、厭離世俗的清信之士，不期而至，集合在廬山。如彭城劉遺民、豫章雷次宗、雁門周續之、新蔡畢穎之、南陽宗炳、張采民、張季碩等一百二十三人，這些人遺棄世間的榮華，共依慧遠修行。

所謂厭離世俗的清信之士不期而至者，也有其時代的背景。西晉末年，五胡亂華，中原河山成為胡人的殺戮戰場；東晉偏安，中原士族南下。而安帝時代的東晉王朝，卻是風雨飄搖，朝不保夕。如孫恩叛變、桓玄謀反，為東晉前途帶來了滅亡的前兆(十八年後，劉裕篡晉，晉室滅亡)。以此原因，厭惡世間動亂，有志隱棲山林的人士愈益增多。再者，東晉初期，崇尚清談，江南會稽，以支遁為中心的清談佛教，一度十分興盛。這種清談的流風餘韻，也是影響東晉末期士人隱棲的原因。而當時廬山風光明秀，慧遠聲名遠播，這都是風雅隱逸之士集聚廬山的原因。《高僧傳》慧遠本傳稱，慧遠在精舍中無量壽佛像前，建齋立誓，共同願生西方淨土。乃令劉遺民寫下宣誓文，誓文大意說：「秋七月戊辰間，法師

釋慧遠，領著我們息心修行的貞信人士一百二十三人，集聚在廬山的般若臺精舍阿彌陀佛像前，以香華敬薦而立誓。」

念佛往生西方淨土的理論，是依於《淨土三經》而建立的，《佛說無量壽經》上說：往昔世自在王佛住世時，有國王出家修道，號曰法藏。法藏比丘在世自在王佛前發下四十八項弘願，要建立一個清淨莊嚴的佛國，普渡眾生。誓願中說：一切眾生，只要一心稱念阿彌陀名號，死後都會被阿彌陀佛接引到極樂世界中去。這位法藏比丘後來成佛，就是阿彌陀佛。他以大願力所造成的佛土，就是西方極樂淨土。

慧遠所創的念佛法門，原是念佛三昧的觀想念佛。他說：「諸三昧，其名甚眾，功高易進，念佛為先。」他認為諸三昧中，念佛是往生西方淨土最簡捷的修行方法。三昧即是定。心住一境，觀想佛的莊嚴相好，即所謂「觀想念佛」。到了北魏曇鸞以後，就側重於持名念佛。今日修淨土的持念佛號，和當初慧遠倡導的觀想念佛是有所不同的。

慧遠首倡念佛結社的時候，並沒有開宗立派的意思。當初是但期同願，無取傳承。所以千餘年來，雖有淨土宗的名稱，並沒有師資授受的系統。到了宋代，四明宗曉法師，以異代同修淨業而功德高盛的幾位大師，立為淨宗七祖，而慧遠被立為淨土宗初祖。

七、生命有極，悲願無盡

　　晉安帝義熙十二年的八月初，慧遠在東林寺示現病象。八月六日症狀增重。他持過午不食戒，是日午後，身邊年長的比丘請他喝一點豉酒（豆類發酵所製，可以入藥）。慧遠不許。又請飲些米汁，亦不許。又請以蜜和水為漿飲之，慧遠令律師查閱律文，看可不可以飲。律文還沒有查出來他就圓寂了，春秋八十三歲。

　　慧遠門下弟子很多，以隨他一同出家的慧持，及弟子慧觀、僧濟、道祖、曇邕、僧徹等最為著名。慧持是慧遠之弟，十八歲隨著慧遠師事道安，後來同到廬山。他曾到建康參校《中阿含經》譯文。隆安三年（三九九年）到了四川成都，為道俗所推重。義熙八年（四一二年）在成都龍淵寺逝世，年七十六歲。

　　慧觀本姓崔，清河人，少年出家，遊方參學，中年以後到廬山依慧遠受業。鳩摩羅什入關，他又到長安依羅什學習，他撰寫的〈法華宗要序〉，深得羅什的稱許。後來隨佛馱跋陀羅同到廬山，又往建康住道場寺。他著有〈辨宗論〉、〈論頓悟漸悟義〉、〈十喻序贊〉等，七十一歲逝世。

　　僧濟通達大小乘及世典，長於講說，太元中到廬山受學，慧遠很賞識他，後來以生病四十五歲就逝世了。

　　道祖是吳國人，少年時代依支法濟出家，精勤務學。後來與僧遷、道流等同到廬山受戒，慧遠稱讚他穎悟，道流撰〈諸經目〉，未竟而卒，道祖為之完成，他後來到建康瓦官寺講經。

　　曇邕本姓楊，關中人，他在苻秦時代為衛將軍，曾隨軍南征，後來在長安依道安出家，道安逝世，他就到廬山師事慧遠。他不辭辛勞，為慧遠給鳩摩羅什傳送書信，往返於廬山與長安之間，十餘年間不負使命，後來卒於荆州竹林寺。

　　僧徹本姓王，本住襄陽，十六歲入廬山受業，遍學眾經，尤精般若，講《小品般若經》，詞旨明晰，為同學所推服。後來南遊荆州，歷住江陵五層寺、琵琶寺，當地名流多從他受持戒法。劉宋元嘉二十九年（四五二年）逝世，世壽七十歲。

　　慧遠的著作，有《大智度論要略》二十卷，《問大乘中深義十八科並羅什答》三卷，《法性論》兩卷，《集》十卷，現僅存《問大乘中深義十八科並羅什答》兩卷，其餘都已散失。但在《出三藏記集》、《弘明集》、《高僧傳》和《廣弘明集》中，尚收載有他的一部分論、序、銘、贊、詩、書等。

　　慧遠一生勤於修學，精進不懈，並且以此勉勵弟子。《世說新語·規箴篇》記載：

　　　慧遠在廬山，雖老，講論不輟，弟子中或有墮者，慧遠曰：「桑榆之光，理無遠照。但願朝陽之暉，與時並明耳。」執經登座，諷誦朗暢，

　　詞色甚苦。高足之徒，皆肅然增敬。

　　「桑榆之光，理無遠照」。意思是說：我老了，有如落日照在桑榆樹梢的餘光，很快就落下去了。而年富力強的你們，有如朝陽的光暉，愈來愈加光明，你們能不愛惜光陰，努力修學嗎？

三、開創譯場的鳩摩羅什大師

「今於眾前發誠實誓，若所傳無謬者，
　　當使焚身之後，舌不燋爛。」
羅什圓寂後，即在逍遙園中以西域法荼毗，
　　果然薪滅形盡，唯舌不成灰。

一、由安世高譯經說起

　　佛教於兩漢交替之際，自印度傳入中國。這種外來的異質文化，能夠在中國的土壤中紮根生長，以至於開花結果，成為中國文化的一部分，其因素固然很多，但無疑的，佛經的翻譯且廣為流通，實是最主要的原因。

　　說到佛經的翻譯，一般多以「漢明求法」之說為依據，以《四十二章經》為中土譯經之始。事實上，經後代學者考證，《四十二章經》不是由梵文翻譯出的經典。呂澂先生在《中國佛學思想概論》一書中說：「我們認為《四十二章經》不是最初傳來的經，更不是直接的譯本，而是一種經抄。就內容看，是抄自《法句經》，我們對出來的有二十八章，占全經的三分之二……現在的《法句經》是三國時支謙譯的，據支謙本序文看，在他之前還有一個譯本，所以在漢末時《法句經》就有了。《四十二章經》應該是抄那個舊本而加以潤色的，它抄出的時間還相當的遲。」

　　《四十二章經》既然不是最早譯出的佛經，那麼最早譯出的是什麼佛經？譯經的人又是什麼人呢？正確的說，最早翻譯佛經的人，是漢桓帝元嘉年間，自西域來華的安世高。他在華二十餘年，先後譯出《安般守意經》、《陰持入經》、《佛說四諦經》等三十餘部，四十餘卷。安世高名清，字世高，

安息國（今伊朗地）王子，其姓是從國名而來，世稱安侯。他自幼即以孝行著稱，質敏性慈，博學多聞。父王歿世，他讓王位於叔而出家修道。世高博曉經藏，尤精通阿毘曇學與禪學。遊方弘化，遍歷西域諸國，以漢桓帝建和二年（一四八年）來華，抵達洛陽未久就學會華語，乃從事佛經翻譯，改梵為漢。在華二十餘年，譯出小乘經百餘部，大部分散佚，現今尚存五十五部，經名俱載《大正藏總目錄》。世高所譯的經典，多為原始佛教的小乘經典，並且以實際禪觀修行的為多。

與安世高同時來華的，是大月氏人支婁迦讖。支婁迦讖又稱支讖，他也是漢桓帝建和二年來到中國。他在漢靈帝光和、中平年間（一七八至一八八年），譯出《般若道行品》、《佛說般若三昧經》、《佛說阿闍世王經》等二十多部經典，現存於《大藏經》中的，還有十二部，二十八卷。第三位來華的譯經師，是安息國的安玄。安玄不是出家沙門，他是一位「優婆塞」——在家清信士。他於漢靈帝中平末年來華經商，以對朝廷有功，靈帝封他一個「騎都尉」的名號。他與一位名叫嚴佛調的漢地居士，同禮安世高為師，以弘揚佛法為己任。他在洛陽住得久了，漸通漢語，就與嚴佛調合作譯經，安玄口譯梵文，嚴佛調筆受，二人合譯出《法鏡經》、《十二因緣經》等多種。嚴佛調後來剃度出家，人稱「阿祇梨」，據說他是漢地第一位出家的沙門。

東漢末年，自西域來華的譯經師，除以上三位外，還有

竺佛朔、支曜、康孟詳幾個人，各有譯作。三國時代，西域
來華的譯經師有曇訶迦羅、康僧鎧、支謙、康僧會等十二人。
據唐代《開元釋教錄》所載，後漢時代，來華的譯經師十二
人，譯經一九二部，三九〇卷；三國的魏、吳二國，譯經師
各五人，譯經共二〇二部，四一七卷。以上一段時間，譯經
卷數雖然很多，事實上是存佚、真偽、重複等合計的數字，
其中不乏割裂重杳、各品異譯的本子；並且，大部分是小篇
幅的短經。西晉時代因為五胡之亂，僅有外來譯經師六人。
真正大規模的譯經，並且譯出大部經典——如二十七卷的《摩
訶般若波羅蜜經》，一百卷的《大智度論》，那是譯經大師鳩
摩羅什來華以後的事情了。

二、鳩摩羅什的青年時代

　　在中國佛教的譯經史上，有兩位最重要的譯經家，一位
是鳩摩羅什大師，一位是玄奘大師。玄奘大師譯的經稱為新
譯，羅什大師譯的經稱為舊譯。關於玄奘大師譯經的經過，
留待後文介紹，此處先介紹鳩摩羅什譯經的經過，並先自他
的生平說起。

　　鳩摩羅什，原名鳩摩羅什耆婆，鳩摩羅是姓，什耆婆是
名，義譯為童壽——就是童年而有耆德的意思。但一般習慣
上稱他為鳩摩羅什，或略稱羅什，我們也遵循慣例，以下行

文稱他為羅什。羅什的先代，本是天竺國婆羅門種姓，他的
祖父鳩摩羅達多，才能優異，身居國相之位。他的父親鳩摩
羅炎，聰明而有美德，在他將嗣相位的時候，卻辭避相位而
出家遠行。他東度蔥嶺，到了西域的龜茲國（現今的新疆庫
車）。龜茲王聞知他棄相位而出家，對之甚為崇敬，親至郊外
相迎，尊為國師。龜茲王有妹名叫耆婆，年始二十，穎悟聰
敏，鄰國爭相禮聘，她皆不當意，及見鳩摩羅炎，心中默許。
龜茲王乃逼鳩摩羅炎和耆婆成親。婚後未久，耆婆就懷了羅
什。羅什在母胎時便多異徵。他母親自覺智慧增長，對別人
的問難應答如流，並且自行通達天竺語言。有一位證羅漢果
的達摩瞿沙說：「她必是懷了一位智慧之子，從前佛陀的大弟
子舍利弗在母胎的時候，就能使他母親辯才無礙。」及至羅什
出生之後，耆婆就又把天竺語忘記了。

　　羅什的出生年代，許多資料說法不一。根據羅什弟子僧
肇所撰〈鳩摩羅什法師誄〉，以其生歿年代為西元三四四至四
一三年。西元三四四年，是中國東晉康帝建元二年。耆婆生
了羅什之後，發心出家，但她的丈夫鳩摩羅炎不同意。未幾
又生一子弗沙提婆後，耆婆於城外見荒塚間枯骨縱橫，感悟
人生無常，使她出家之心更為強烈。她曾絕食六日，命若游
絲，鳩摩羅炎害怕，才答應她出家的要求。耆婆出家後修行
禪法，精進不懈，終於證到須陀洹果——聲聞四果的初果。

　　羅什七歲就出家做了小沙彌。七歲出家，為戒律所許，
《十誦律》卷四十八載：「佛言，從今聽沙彌能驅烏乃得作沙

彌。」驅烏，是能驅烏鴉鳥雀的意思。他出家後從師父受經，
「日誦千偈」——佛經中的偈子，每偈三十二字，他能日誦
三萬餘言。他背誦《阿毘曇學》，師父為他講解法義，他一經
指點，便通達無礙。他的母親這時已出了家，因為她是王妹，
國人對她供養豐厚，這對修道的人是不相宜的，耆婆乃攜羅
什走避他方。羅什九歲時隨母到了罽賓國。由龜茲到罽賓國，
是一條遙遠而艱險的道路，途中要經過疏勒，攀越蔥嶺，才
能到達罽賓。但他母子終於克服困難而到達了。

　　罽賓國當時尚無大乘佛教，流行的是小乘說一切有部的
佛教。羅什師事當地大德、罽賓王從弟槃頭達多，從他受學
《雜藏》中的《中阿含經》和《長阿含經》。槃頭達多每稱讚
羅什聰明穎悟，因而名聲為罽賓王聞知，於是邀他入宮，命
他和外道論師辯難。外道見羅什年幼可欺，出言無狀。羅什
乘隙反擊，使外道屈服。罽賓王心喜，對羅什厚加供養。

　　羅什與母親在罽賓住了三年，返回龜茲。歸途中翻越蔥
嶺後，在沙勒國停下來，在那裡學習有部的論典《發智論》
以及《六足》諸論，和《增一阿含經》。沙勒王接受一位喜見
三藏的建議，曾特別為羅什舉行大法會，請羅什升座說《轉
法輪經》，年方十三歲的鳩摩羅什，從此聲譽日著。這時沙勒
王太子達摩弗多，宮中供養著一位罽賓國的沙門佛陀耶舍三
藏，佛陀耶舍通達大小乘經論，兼通五明諸論和世間方術。
羅什在沙勒期間，也從佛陀耶舍受學，通達了《四吠陀》和
五明諸論，乃至陰陽曆算，莫不窮究。後來他在沙勒又遇到

莎車國的大乘高僧須利耶蘇摩，從之受學，學習大乘佛教《中
論》、《百論》、《十二門論》諸論。從此他學習的方向為之一
變，專往大乘方面努力。

羅什母子在沙勒停留經年，然後返回龜茲，途經龜茲北
界的溫宿國，有一個修道沙門，有神辯之名，他曾擊鼓起誓：
「辯論勝我者，斬首以謝之。」羅什以論議把他挫敗，那沙門
即皈依了佛教，使羅什的聲望更著，龜茲王親往溫宿迎接羅
什返回龜茲國。當時龜茲王的女兒阿竭耶末帝，已出家為尼，
博覽群經，特別精於禪觀，據稱已證二果，她於聽得羅什講
法後，歡喜讚歎，得未曾有。於是更開法筵，延請羅什為她
開講大乘方等諸經。

三、十八年艱難的旅程

鳩摩羅什二十歲的時候，在龜茲國王宮受具足戒，從罽
賓國律師卑摩羅叉習《十誦律》。不久，他的母親耆婆，看出
龜茲國國運將衰，欲辭國遠赴天竺。行前勉勵羅什，要他到
中國弘傳方等大教。羅什毅然以弘法為己任，他獨留在龜茲，
等待赴東土的機緣。在此期間，他廣習大乘經論，並升座講
經弘教，闡揚諸法皆空，假名無實的大乘奧義。與會大眾皆
受感動，附近諸國聞之一致敬仰。十餘年後，羅什名滿西域，
並且也很快的傳到了中國，為在長安建國的前秦主苻堅所聞。

　　原來東晉一朝，國都建康（後來的南京），是在江南偏安的局面，北方則是五胡十六國的時代。五胡中的氐人苻洪，於晉穆帝永和七年（三五一年），建立前秦，三傳至苻堅，國勢強盛，逐漸統一了北方。苻堅信奉佛教，在長安聞知當代有兩大高僧，一是駐錫襄陽的道安大師，一是生在龜茲的鳩摩羅什。晉孝武帝太元四年（三七九年），苻堅發兵襄陽，迎接道安入長安。道安在襄陽時亦聞鳩摩羅什之名，常想與他研究法義。抵長安後，乃建議苻堅，遣人往龜茲迎鳩摩羅什。東晉太元七年（三八二年），苻堅派遣大將呂光，率兵七萬，討伐西域諸國。他囑呂光於攻下龜茲時，從速護送羅什入朝。

　　前秦出兵，西域獲知消息，羅什建議龜茲王帛純說：「秦兵遠來，不能久駐，不如暫時歸順，以免國人生靈塗炭。」帛純不聽，整兵備戰。西元三八四年，呂光兵抵龜茲，帛純王率兵迎戰，呂光攻破龜茲，殺了帛純王，另立帛純之弟帛震為龜茲王。

　　呂光是一介武夫，並不信佛教。他得了羅什，見羅什未達高年，根本不知羅什的智量，心存輕慢，便以常人對待。他強迫羅什和龜茲王女成婚，羅什拒而不受，一再苦辭。呂光說：「有道之士的德操，不應該超過他的父親。為父親的尚且娶妻，你為何不娶妻呢？」於是強迫羅什喝酒，於其酒醉之後，把他與王女同關在密室中，這樣就破壞了羅什的戒體。並且他還時常逼迫羅什騎牛、乘烈馬來戲弄他，無非是想使羅什摔落而出醜。在這種情況下，羅什以忍辱之心，逆來順

受，後來呂光感到慚愧，中止了這種作弄的行為。

　　翌年（三八五年）呂光回師，途中紮營在一處山麓下。羅什見山勢凶險，勸呂光不可在此處紮營，呂光不聽，入夜傾盆大雨，山洪爆發，水深數丈，士卒死者數千人，呂光這才驚異羅什的奇才。在呂光率兵征伐西域的第二年（三八三年），苻堅出兵伐晉，淝水之戰，大敗而還。又過了兩年，前秦國亂，苻堅為部將姚萇所殺。這時（三八六年）呂光已回師到了姑臧，他聞知秦國內亂，苻堅為姚萇所殺，他「奮怒哀號，三軍縞素，大臨於城南。」就是為苻堅舉行了追悼大會，然後他就在涼州割據自立，史稱後涼。呂光留在姑臧建國，羅什也被羈留在涼州。好在羅什隨遇而安，他在姑臧研究經論、學習華語，這對於他後來到長安譯經大有幫助。

　　秦國姚萇殺了苻堅，自立為帝，國號後秦。姚萇信佛，也崇慕羅什的高名，曾遣使虛心邀請。而呂光和他的兒子呂紹，忌羅什智計多能，恐怕羅什到長安後為姚萇計謀，於己不利，不放羅什東行。後來姚萇的兒子姚興嗣位，於晉安帝隆安五年（四○一年），出兵討伐後涼，後涼主呂隆兵敗投降，至此羅什才被迎入關中長安，這時他已五十八歲了。

四、後秦的譯經事業

　　鳩摩羅什到達長安，後秦主姚興對他十分敬重，尊之為

國師。宗室權貴如姚旻、姚嵩、姚顯、姚泓等，都信奉佛法，盡力維護，朝野公卿士人亦莫不歸心。長安原是道安大師弘化的地區，道安圓寂後，關中曾發生戰亂，佛法因之沉寂。羅什到達後，各地名僧都慕名群集，至此佛法復趨昌隆。

　　後秦弘始四年（四〇二年），羅什應姚興之請，住在長安逍遙園西明閣，在逍遙園大開譯場，開始譯經。漢地的譯經事業，早在東漢末年即已開始。當時由於西域沙門對漢地語言不夠熟練，加以當時佛學詞彙不足，在翻譯時就發生兩種現象。一是直譯，以致辭不達意；一是借用老莊道家的術語，以致佛經與道書混淆。前者如竺佛朔所譯的經，《高僧傳》上稱他「敬順聖言，了不加飾」，其實就是直譯；後者如陳壽於《三國志》中所稱：「浮屠所載，與中國《老子經》而相出入。」浮屠是佛教的代名，這就是說佛經用的術語，有類似於老莊。

　　早期譯經是私人行為，因受到人力、財力的限制，所以只能譯出一些單卷的小經。由國家力量支持設置譯場，集眾人之力，有組織有系統的翻譯，當以羅什主持的逍遙園譯場為始。原來後秦主姚興，自幼崇信三寶，對於經典有深入的研究。他迎得羅什到長安之後，經常與羅什研究經義。二人「晤言相對、則淹留終日；研微造盡，則窮年忘倦。」他感於「舊經義多紕僻，皆由先度失旨，不與梵本相應」，所以商請羅什開譯場譯經，並使沙門僧䂮、僧遷、法欽、道流、道恆、道標、僧叡、僧肇等八百餘人，悉聽羅什調度，參與譯經事業。

　　逍遙園譯場的成就，和早先道安大師在長安獎勵譯事有關。道安大師晚歲在長安七年，在五重塔寺設置譯場，請西域沙門僧伽提婆等，先後譯出經論百餘卷，使長安成為北方譯經的重鎮。如今羅什重開譯場，後秦主姚興以政府的力量支持，規模較五重塔寺不可同日而語，所以譯經的成就更為可觀。

　　譯經有一套規範，也有一套工作人員分工合作。在《佛祖統記》四十三卷內，載有當時譯場的組織，現語譯如下：

　　第一譯主，正坐面外，宣讀梵文。

　　第二證義，坐其左，與譯主評量梵文。

　　第三證文，坐其右，聽譯主高讀梵文以驗差誤。

　　第四書字，梵僧審聽梵文，書成華字，猶是梵音（即音譯）。

　　第五筆受，翻譯梵音成為華言。

　　第六綴文，連綴文字，便成句義。

　　第七參譯，參考兩土（梵、華）文字，使無參誤。

　　第八刊定，刊削冗長，定取句義。

　　第九潤文，於僧眾南向設位，參詳潤色。

　　由上文所記，可知凡譯一經，前後要經過九組人員之手。譯主宣讀梵文的時候，證義人員在旁和他評量文字的意義，證文人員在旁考證文字的音韻，書字人員寫成音譯的華文，筆受人員再意譯成漢文，綴文人員拿意譯華文改寫成漢文的句義，然後參譯、刊定、潤文再考證修飾成為經文，可見其

過程之慎重。

《高僧傳》上說，羅什在長安逍遙園譯經，其譯《大品般若》時：

> 羅什持手執梵本，口宣秦言，兩譯異音，交辯文旨……與諸耆舊五百餘人，詳其義旨，審其文字，然後書之……胡音失者，證之以天竺，秦音謬者，定之以字義；不可變者，即而書之，故異名斌然，梵音殆半，斯實匠者之公謹，筆受之重慎也！

由上文所記，可大致看出譯場情形的一斑。

五、逍遙園譯經的成果

鳩摩羅什於隆安五年（四〇一年）抵達長安，翌年應後秦主姚興之請，於逍遙園開譯場譯經。自此開始，到他逝世（四一三年）為止，前後十年之間：「凡出經三百餘卷，並暢顯神源，揮發幽致。」所以《出三藏集記》記載，說羅什譯出經典三十五部，二百九十四卷，這是較為接近事實的數字。三十多部經，為篇幅所限，不可能一一介紹，只能概略的加以分析。若以經典的卷數來排列，以《大智度論》一百卷為

首，其次為《十誦律》六十一卷，《大品般若經》二十四卷，《成實論》十六卷，《華首經》十卷，《小品般若經》、《妙法蓮華經》各七卷，以下如《十住經》、《維摩詰經》各三、五卷不等。

若以譯出的時間來排列，則於姚秦弘始四、五年——西元四○二、四○三年間，譯出了《坐禪三昧經》、《無量壽》等數種；四○四年譯出了《大品般若經》、《十誦律》及《百論》。四○五年開始譯《大智度論》；四○六年譯《法華經》、《維摩詰經》等；四○七年譯《自在王經》、《禪法要經》。此後數年，先後譯出《小品般若經》、《中論》、《十二門論》等多種。

在先後譯出的三十多部經典中，對後代發生重大影響者，例如《成實論》的譯出，開創了中土的成實宗；《中論》、《百論》、《十二門論》的譯出，開創了中土的三論宗；而《妙法蓮華經》、《大智度論》的譯出，為天台宗所依的經典；《十誦律》、《梵網經》的譯出，充實了中土的律藏。此外，尚有兩種單卷的佛經，在譯出以後的一千數百年間，成為家喻戶曉的經典，刊行數量之多，發行地區之廣，以及信奉持誦者之多，其他經典無可與之比擬。那就是《金剛經》與《阿彌陀經》。

從其譯出全部的典籍看來，羅什所弘揚的，主要是龍樹一系大乘空宗的理論，如《大品般若》、《小品般若》，以及「三論」等皆是。其中《大品般若》，相當於唐譯的《大般若經》

的第二部分，是般若一系的根本典籍。這在羅什之前早就譯出過，就是《放光般若》和《光讚般若》。早先譯出的時候，中土的研究者有許多不同理解，故有「六家七宗」之說，但羅什於譯出《大品般若經》的同時，譯出了此經的釋論《大智度論》，並且在翻譯之時兩者互相對照，所以不同於舊譯。羅什譯《大品般若》時，後秦主姚興也親自參加譯場，《高僧傳》稱：「什持梵本，興持舊經，以相讎校，其新文異舊者，義皆圓通，眾心皆服，莫不欣讚。」羅什所譯的《大智度論》，並沒有照原典全部翻譯，而是選擇性的、略其要點的翻譯，甚至於加入了他個人的見解。慧遠大師在〈大智度論抄序〉中說：

> 童壽以此論，深廣難卒精究，因方言易省，故
> 約本以為百卷，計所遺落，殆過三倍。

可能是原文過於浩繁，在羅什刪略為百卷之後，慧遠再加以刪除其煩雜之處，而撰寫了《大智度論抄》二十卷。

六、哀鸞孤桐上，清音徹九天

鳩摩羅什，是西域沙門中空前的譯經大師。他深通梵語、兼嫻漢言，漢文造詣之深，西域沙門中罕有其匹。如《高僧

傳》卷七〈僧肇傳〉云：「姚興命僧肇與僧叡等入逍遙園，協助譯經。僧肇以去聖久遠，文義多雜，先前所譯常常有錯誤。及參加譯經後，悟解更多。所以在《大品般若經》譯出之後，僧肇撰著〈般若無知論〉二千餘言，呈給羅什核閱。羅什讀後稱善，對僧肇曰：「吾解不謝子，辭當相挹。」

　　挹與抑通，退讓之意。羅什是說：在理解方面，我與你相等，而文辭則讓汝一籌。僧肇的《肇論》，古今能讀的人無幾，而羅什能夠欣賞，可見他漢文造詣之深。羅什嘗為漢文偈頌，以華美的辭藻，表達淵妙的義旨。如作頌贈沙門法和句云：

　　　心山育明德，流熏萬由延，
　　　哀鸞孤桐上，清音徹九天。

　　全文十偈，辭喻皆類此。這也是什公的悲哀。因為他雅好大乘，志在弘廣。而曲高和寡，知音者希。他嘗歎曰：「吾若著筆作大乘毘曇（阿毘曇，意譯為勝法或無妙法），非迦旃延子可比也（迦旃延著《施設足論》一萬八千頌，為六足論之一）。今在秦地，深識者寡，折翮於此，將何所論？」所以他才有：「哀鸞孤桐上，清音徹九天。」之歎。孤寂之懷，見於言表。他嘗為姚興著《實相論》二卷，並注《維摩詰經》。出言成章，無所刪改，而辭喻婉約，莫非玄旨。

　　羅什對於譯事，有他的見解。他嘗與隨侍及參與譯經的

僧叡，討論中土與西方的文體，他說：「天竺國俗，甚重文製。
其宮商體韻以入絃為善，凡覲國王，必有讚德，見佛之儀，
以歌歎為貴，經中偈頌皆其式也。但改梵為秦（秦語即漢語），
失其藻蔚。雖得大旨，殊隔文體。有似嚼飯與人，非徒失味，
乃令嘔噦也。」

　　他的意思是說，漢梵文體不同，一經翻譯，有如嚼飯與
人，不但失去原味，甚而令人作嘔。如他譯《法華經》，則「曲
從方言，趣不乖本。」譯《大智度論》，則「梵文委曲，以秦
人好簡，裁而略之。」譯《百論》，則「陶練覆疏，務存論旨。
使質而不野，簡而必詣。」其譯《中論》，則「乖闕繁重者，
皆載而裨之。」由此可見他譯經並不照梵本直譯，而是於原本
或增或削，務在信而達旨。由於他精通梵漢語言，所以譯經
時游刃有餘。雖然他對原本或增或削，多所剪裁，但著筆之
際，仍極矜慎。如其重譯《維摩詰經》：「道俗虔虔，一言三
復，陶冶精求，務存聖意。文約而詣，旨婉而彰。」可見他譯
經態度。

　　《高僧傳》羅什本傳稱：「什為人神情朗徹，傲岸出群，
應機領會，鮮有倫匹者。篤性仁厚，汎愛為心，虛己善誘，
終日無倦。」這是說，羅什是人中龍鳳，卓然不群，且性情篤
厚仁慈，以汎愛為心，是一個具有高貴品德與圓滿人格的人。
但也正因如此，卻為他招來無窮的煩惱。他早年在龜茲國時，
呂光破龜茲，曾逼他與王女成婚。不意到了長安，又受到這
種困擾。後秦主姚興曾異想天開的對什師說：「大師聰明超悟，

天下無雙，若一旦去世，豈不是使法種無嗣了嗎？」於是贈他歌伎美女十人，逼他接受。並且為他另建宅第，供養豐足。並強使什師遷出僧舍。

羅什主持譯場，領袖群倫，這種無可奈何的情形，恐引起門下大眾的誤會，就常在說法時對大眾說：「譬如汙泥之中，生出清淨妙潔的蓮花，爾等但採蓮花的潔淨，不可取法臭泥的染汙。」

傳說羅什一日與眾共進午餐，面前置一缽，缽中置滿了鐵針。對大眾說：「你們如果能像我一樣，將一缽鐵針吞下，則可行我所行，為我所為。不然的話，大家要安心修道，謹守戒律，不可滋生妄想。」

羅什到長安的第十三年——晉安帝義熙九年（四一三年），也就是後秦姚興的弘始十五年，是年他七十歲，某日羅疾，他自知世緣將盡，於是召集眾僧，向大眾告別說：「我世緣已盡，不能與大家共參譯事，深感愴然。我自愧才智闇昧，謬充傳譯，前後譯出經論凡三百餘卷。除一部《十誦律》，來不及刪繁就簡，存其本旨外，其他必定不會有差失。希望所譯經典，都能流傳後世，並願大眾共同協助弘通。」

《高僧傳》上記載他最後的一段話：「今於眾前發誠實誓，若所傳無謬者，當使焚身之後，舌不燋爛。」羅什圓寂後，即在逍遙園中以西域法荼毘——火化，果然薪滅形盡，唯舌不成灰。

四、萬里取經的法顯大師

法顯、道整二人到了舍衛城，
瞻禮佛陀說法的祇園精舍，
有僧人問法顯來自何處，
答以漢地，
僧人咋舌說，從沒有聽說過由漢地來此求法的人。

一、由朱士行西行求法說起

佛教創立於印度，於西元世紀之初的兩漢交替之際傳入中國。這種外來的異質文化，所以能在中國紮根生長，發揚光大者，端賴印度來華的沙門，及中國本土的譯經師，合作翻譯佛經，使中國有了佛教的經典；同時也靠著無數的出家法師四方弘化，講經說法，使佛法傳布於各地，深入於各階層。這種外來的文化與中國本土的文化，由互相激盪而至於互相融攝，成為中國文化的一部分。

但是，在此文化激盪、融攝，及佛教成長、苗壯的過程中，還有一類為我們忽略了的人物，那就是西行求法的古德。這些為追求真理，探索正法源頭的志士，他們前仆後繼，為法忘身，間關萬里，遠涉流沙，到西域、到天竺去求取經典的梵本，為佛教理論進行了充實與求證，也為中國文化輸入了新血輪，在佛教史上寫下了可歌可泣的一頁。

說到「西行求法」，世人多知道「唐僧取經」——唐代玄奘三藏西行求法的故事。智識份子或者加上晉代法顯、唐代義淨取經的史實。但事實上，由曹魏時代開始，歷經兩晉、南北朝，以至於隋、唐的數百年間，西行求法的古德為數有一百數十人之多。除了佚名的數十人之外，在史冊中有名籍可考的，亦不下於百人。所以，唐代玄奘大師不是唯一的西

行求法者，我們這裡介紹的高僧法顯，也不是第一位西行求法者。根據佛教史籍的記載，第一位西行求法者，是曹魏末年的朱士行。

　　朱士行是河南潁川人，他於魏廢帝曹芳甘露五年（二六○年）出家為沙門，出家之後，深入研究經典，以弘揚大法為己任。他嘗於洛陽講竺佛朔所翻譯的《道行經》小品的舊本，感到經本文句簡略，意義未周，常慨歎此經為大乘要典，而譯理不盡，因此發願西行，去求此經的梵文原本，以窺全貌。他自雍州（今之陝西）西行，出塞西度流沙，到達于闐國，訪得正品梵書的胡本《般若經》九十章，六十多萬字，他抄寫下來，於晉武帝太康三年（二八二年），派遣弟子弗如檀送回洛陽。後來於晉惠帝元康元年（二九一年），由于闐國沙門羅無義，中國優婆塞（居士）竺叔蘭，在陳留倉垣水南寺翻譯出來，就是《大品般若》的《放光般若經》。

　　于闐國距離洛陽一萬一千七百里，在當時是西域盛行大乘佛教的國家。朱士行在于闐居住了多年，以年事日高，不堪長途跋涉，後來竟死於于闐，年八十歲，真可說是以身殉道了。晚於朱士行到西域求法的，有慧常、慧辯、進行、于法蘭、于道邃，以及慧遠的弟子支法領、法淨等人。但包括朱士行在內的這些人，都沒有到達印度，都只到了西域。而第一個到達印度，留學多年，求得大批梵文經典回國者，是東晉時代的高僧法顯。

二、十人結伴，西渡流沙

　　法顯俗家姓龔，平陽郡武陽（今山西襄丘縣）人，自幼兄弟四人，其中三人都幼年夭折。法顯幼年也體弱多病，父母怕他也養不大，所以在他三歲的時候，把他送到寺院中做了小沙彌。但因年紀太小，剃度後仍住在家中。嗣因在家患了重病，送到寺院住病就好了，從此他就不大回家了。他母親為想念他而見不到，就在寺外蓋了間小屋，偶而去住些日子，以便就近照顧他。

　　法顯十歲的時候，他的父親病故。他叔父以其母親寡而獨居，要逼他還俗奉母。他說：「當初出家，並不是因為父親在而出家，實是要遠離塵俗，為修道而出家的。」他的叔父拿他沒辦法，也只得罷了。過了幾年，他母親也病故了。法顯至性過人，還家為母營葬，一切如禮。喪期過後，仍還寺中。

　　法顯十多歲時，嘗與寺中同學多人在田中刈稻，不意有飢民要來搶他們的稻穀。別的同學都嚇得逃掉了，法顯不但未逃，反而對飢民說：「你們如果要稻穀，隨意取去好了。但是正因為你們前生不肯布施，今生才受貧困。如果今生仍要搶奪，只怕來生就更貧困了。」飢民聽了覺得慚愧，就棄穀而去。寺中僧侶百餘人聞知此事，都稱讚法顯的見識和勇氣。

　　法顯二十歲時受了具足戒，正式成為比丘。他自幼在寺

院中長大，所以一切儀軌嫻熟，都成了他生活中的一部分。
他天資聰穎，明達敏捷，鑽研經典晝以繼夜，精進不懈。當
時中國的佛經，雖然新經不斷的翻譯出來，但是以經、論二
藏居多，而律藏部分十分欠缺。法顯常慨歎律藏的傳譯不全，
有意往天竺尋求律部梵典，只以機緣未至，蹉跎著未能成行。
其實，律部典籍不全，不只是法顯的慨歎，當時的高僧道安、
慧遠等人，也都有這種認知。當時譯出的律典，只有竺佛念
譯出的十卷本《毘奈耶》。正因為律藏未備，佛教中也沒有一
套僧尼生活規範，道安大師曾根據已出的律本，再參酌中土
的國情，制定了一套僧尼規範，名為行香定座上經上講之法；
常日六時行道飲食唱時之法；布薩差使悔過之法等，為天下
寺院所遵守。長安方面也有人注意到這一問題，鳩摩羅什在
逍遙園譯經時代，曾請西域沙門弗若多羅誦出《十誦律》加
以翻譯，但未譯完而弗若多羅逝世，遠在廬山的慧遠大師，
曾寫信給長安的曇摩流支，希望他能完成此律本的翻譯，由
此可見佛教界對這個問題的重視。法顯有鑒於此，更加強他
西行求取梵本律典的決心。

　　晉安帝隆安三年（三九九年），法顯約集了四個志同道合
的同伴，即慧景、道整、慧應、慧嵬四個人，一同由長安出
發西行。北方那時是由後秦所統治，後秦主姚興崇信佛教，
對沙門十分優遇，所以他們旅途很順利。但出了秦境，河西
走廊一帶，有許多邊疆民族割據建國，各自為政，行途就很
受影響。他們行經甘肅西南部，當時是鮮卑族乞伏乾歸建立

的西秦國。法顯一行走到范川（今甘肅榆中縣境），由於前途情況不明，就住下來結夏安居。第二年繼續前進，在張掖遇到了另一批也是西行求法的僧人，他們是寶雲、智嚴、慧簡、僧紹、僧景等五個人。相談之下，目的相同，於是十個人結伴同行。是年秋天，十人到了沙州地帶的敦煌。敦煌太守李浩信仰佛教，對他們西行求法之舉十分讚歎，供應了一批沿途所需的食物用品。一行人由敦煌出發，北行五十里出玉門關，到了關外，就進入沙漠地帶。

三、攀越雪山、九死一生

在沙漠中向西進行，一片荒涼，冒著風霜雨雪和寂寞空虛的侵襲，向前跋涉。在沙漠中行走數日，進入莫賀延磧——即俗稱的八百里流沙。《高僧傳》上說：「……西度流沙，上無飛鳥，下無走獸，四顧茫茫，莫測所之，惟視日以準東西，望人骨以標行路耳。」

他們在流沙地帶走了十多天，到達了鄯善國。可能是因為前途梗塞難行，他們便轉向西北前進，到了烏夷。這時一行十人中的智嚴、慧簡、慧嵬三人畏難不願前進，返回了高昌國，只剩下法顯等七個人。烏夷的寺院都奉行小乘佛教，規矩嚴肅，不接待漢土僧侶，幸而得到一位苻公孫的協助，供應糧食用品，使他們得以前進。他們此時又折向西南，在

荒漠中走了一個月零五天，到達了西域的大國于闐（在今新疆和闐縣東南）。這時已是晉隆安五年（四○一年），是他們離開長安的第三年了。

　　于闐國是大乘佛教國家，法顯等住入一所寺院，受到寺主的招待。他派慧景、道整、慧應三人先向竭叉國（今新疆喀什）前進，他和其餘的人留下來，等著看四月一日到十五日的佛像遊行盛會。會後，僧紹一個人去了罽賓，這時又有一個名慧達者加入，與法顯、寶雲、僧景等人同行。四個人前行二十五日，到了子合國（今新疆葉城縣），小住半月，南行進入蔥嶺（帕米爾高原一帶），在于麾國過夏安居。過夏後前行跋涉二十五日，到了和印度接境的竭叉國，和先行的慧景等三人會合，並在這裡參加了國王舉行的五年一度大施會。

　　晉元興元年（四○二年），法顯一行七人越過蔥嶺，《高僧傳》上記載這一段艱難無比的行程：「至蔥嶺，嶺上冬夏積雪不化，有惡龍吐毒，風雨砂礫，山路艱危，絕壁千仞。以往有人鑿石為路，傍邊加上梯道，長七百多級，及有攀躡的懸崖數十處，這是漢代張騫、甘父所不曾走過的路。」度過蔥嶺，進入北印度境，又經過了幾個小國家，最後到那竭國（今阿富汗東北部）小住。這時，同行的寶雲、僧景、慧達三個人不願前進，回國去了。慧應在樓沙國的佛寺病故了。只剩下法顯、慧景、道整三個人。於晉安帝元興二年（四○三年）初春，離開那竭國南行，在翻越小雪山的時候，不幸慧景凍死了。《高僧傳》中有一段頗為淒楚的描寫：「在度小雪山的

途中，遇到暴風雪，慧景凍得噤戰不能行動，對法顯說：我不行了，你們繼續前進吧，不要管我，我們不能全部死在這裡，不然，我們的任務留待誰來完成呢？說完這些話，就在白雪皚皚的荒山中去世了。法顯抱著屍體痛哭失聲說：我們的願望尚未達成，你竟去世了，這難道是命運的安排嗎？」

　　慧景死後，只剩下法顯和道整兩個人。他們為了完成大願，揮淚繼續前進。二人途中相依為命，互相扶持。這樣到了雪山之南的羅夷國，這時已到了雨季，乃在當地結夏安居。雨季後繼續前進，到了西印度的跋那國，渡過辛度河（即印度河），經毘茶國，於晉元興三年（四〇四年），進入中印度的摩頭羅國。

　　由摩頭羅國前行經過三個小國，到了佛陀住世時十六大國之一的拘薩羅國。法顯、道整二人到了舍衛城，瞻禮佛陀說法的祇園精舍，有僧人問法顯來自何處，答以漢地，僧人咋舌說，從沒有聽說過由漢地來此求法的人。二人又到了佛陀的祖國迦毘羅衛，迦毘羅衛當時十分荒蕪，只有數位僧侶和幾十戶人家。繼而二人又去瞻禮佛陀出生處的藍毘尼園，佛陀涅槃處的拘尸那城，之後南下經第二次結集處的毘舍離城，渡過恆河進入摩揭陀國，到了阿育王時代的國都波吒釐邑，這時是晉元興四年（四〇五年），由離開長安到現在已經六個年頭了。

四、艱難險惡的歸程

　　波吒釐邑譯曰華氏城，佛陀住世時代這裡是恆河南岸的一個渡口，後來阿育王時發展為摩揭陀國的國都，取王舍城而代之。法顯和道整二人巡禮過王舍城，也瞻禮佛陀說法處的靈鷲山、竹林精舍，及佛陀成道處的菩提迦耶，還向西到了波羅捺國、拘睒彌國等幾個國家，瞻禮佛陀遺跡，到第二年再回到波吒釐邑。

　　法顯在波吒釐邑住了三年，學習印度的梵語梵文，搜求律典。但古代天竺的律本，只可口授，不可書寫。法顯在他撰寫的《佛國記》就說：「法顯求戒律，而北天竺諸國，皆師師口傳，無本可寫。」不得已請人口述，他自己抄寫。他在波吒釐邑住了三年，抄寫經律六部，即《摩訶僧祇律》一部，《薩婆多眾律鈔》一部（此即《十誦律》，約七千偈），及《雜阿毘曇心論》、《綖經》、《方等泥洹經》和《摩訶僧祇阿毘曇》各一部。抄寫得這些經典後，西行求法的宿願已經達到，有意整裝返國，但這時他唯一的同伴道整，見到當地沙門的威儀殊勝，持戒精嚴，很受感動，決定留下來定居，不回中國了。但法顯卻有把戒本送回中土、翻印流通的義務，無奈只好一個人離開波吒釐邑。

　　他沿著恆河東行，經過瞻波國，到了海邊的多摩梨國，

在當地住了兩年（四○八至四○九年），抄寫經典和畫佛像，
然後乘船到了師子國（今之斯里蘭卡）。他在師子國住在有五
千僧侶的無畏山佛寺，禮拜兩丈高的青玉佛像，參觀了三月
出佛牙的盛會，並繼續搜求經典。他求得了幾部國內從無出
現過的經典，抄寫出了四部，名為《彌沙塞律》、《長阿含經》、
《雜阿含經》和《雜藏經》。一曰，有商人在青玉佛前供養一
把漢地的白絹團扇，他睹物思鄉，不禁悲從中來，潸然淚下。
回憶離開長安十有餘年，十人出關，同行道友有的中途退轉，
返回國內；有的客死異鄉，屍骨無歸；有的居留下來，不再
返回，如今只剩下自己一人，垂暮之年，孤身滯留異國，思
念至此，乃決心準備歸國。

　　晉安帝義熙七年（四一一年）的秋天，他搭上了一艘大
商船泛海東行歸國。那艘船搭載二百餘人，出航兩天後，遇
上了暴風，船艙漏水，為了減輕船的重量，把一些笨重的東
西都拋入海中。法顯也把他隨身的淨瓶澡罐等物品也棄之海
中。但船上有人認為他未將經典佛像丟棄，未免耽心。法顯
一心誦念觀世音菩薩聖號，祈求菩薩保佑。這樣經過十三天
驚險的航程，漂泊到一個小島附近。商船靠上小島，停下整
修船隻。整修後繼續航行，海上的風浪不能辨別方向，只有
仰望天空，任其漂流。在海上航行九十天，漂泊到耶婆提國
（今之蘇門答臘），此處盛行婆羅門教，幾乎沒有佛法的存在。
在此處停留五個月，商船繼續向廣州航行。法顯與船上的二
百多名乘客，在船上備了五十天的食物和飲水，航行了二十

多天，又遇上了暴風雨，巨浪如山，驚險萬狀。乘客中的婆羅門認為有法顯在船上，所以才會遭遇災難，要把他推下海中。經一位信佛的施主仗義執言，壓下了這一場風波。既而糧食飲水都用完了，船主認為一般情形大約五十天就可到廣州，現在已經航行了七十多天，一定是方向錯了，乃調整方向後向西北航行。這樣向西北航行十二天，終於望見了陸地，原以為是廣州，登岸詢問後，才知道到了長廣郡界的牢山（即山東即墨東南海濱的嶗山）。

法顯是晉安帝隆安三年（三九九年），自長安出發，西出玉門關，途中歷經西域六國，印度二十一國，還到了師子國及耶婆提國，共二十九國，海路返回到山東地界，前後歷時十五年，登岸之日，是晉安帝義熙九年（四一三年）的七月十四日。

五、法顯的譯經事業

法顯在青州郡治停留一段時間，青州刺史要留他過冬，法顯說：「我冒著九死一生取回律本，目的在於傳譯流通，所以不能久留。」他十五年前由長安出發，與長安諸友別離已久，本想去長安。但是由於北方的政局混亂，一時無法前去，便決定南去建康，與時在建康的佛馱跋陀羅見面。

法顯到得京城，住在道場寺，開始和佛馱跋陀羅等，翻

譯所帶回來的梵本經典。有關法顯譯出的經典，據《出三藏記集》卷二所載，共譯出六部，六十三卷。六部是：《大般泥洹經》六卷、《方等泥洹經》二卷、《摩訶僧祇律》四十卷、《僧祇比丘戒本》一卷、《雜阿毘曇心論》十三卷、《雜藏》一卷。此外，由天竺帶回來的《綖經》、《長阿含經》、《雜阿含經》、《彌沙塞律》、《薩婆多律鈔》等五部梵文抄本，尚未譯出。

　　此外，法顯還撰著有他西行求法的行程記錄，後人稱為《法顯傳》或《佛國記》。這部書是後人西行的指導，與後來唐玄奘的《大唐西域記》、義淨的《南海寄歸內法傳》，同為研究西域、古印度諸國歷史、文化、地理及佛教情形重要史料的寶典。

　　法顯對於譯經事業的貢獻，主要在戒律和毘曇學方面。當時印度小乘佛教的五部律，即說一切有部的《十誦律》、曇無德部的《四分律》、彌沙塞部的《五分律》、大眾部的《摩訶僧祇律》和迦葉遺部的《解脫戒經》，法顯傳回了三部，即《十誦律》、《摩訶僧祇律》和《五分律》。迦葉遺部的《解脫戒經》則未傳入中國。

　　在毘曇學方面，他西行求法離開長安時，國內的毘曇學已經興起，所以他到印度後，也特別注意這一方面的資料，覓求得毘曇類論典《雜阿毘曇心論》，抄錄攜回，這是他對毘曇學的重要貢獻。他還譯出了六卷本的《大般泥洹經》，以經中一闡提能否成佛的問題，導致竺道生和僧團對立，終於被

五、主張眾生皆可成佛的道生大師

我的見解，認為不僅只眾生平等，
眾生皆有佛性，皆可成佛，
即使是一闡提之人也有佛性，
也可以成佛。

一、生公說法、頑石點頭的故事

　　在一個草木凋零的深秋季節，江南姑蘇城外西北處的虎丘山上，有一個頭髮斑白的老比丘——即俗稱為老和尚的人，他有如「屈原被譖、行吟澤畔」似的，一副落寂的神色，彳亍於虎丘山雜草叢生的小徑上。這時山上的蕭瑟景象，正配上那位落寂老和尚的臉。那老和尚胸中思潮起伏，有如長江中的波浪，片刻也不能平靜下來。他仰視長空，心中默禱：「世尊啊！愚痴的眾生，執著於我執我見，不肯接受真理，反而把對於真理先知先覺的人，擯斥於僧團之外。世尊啊！宣揚真理，啟發愚昧眾生的知見，竟是如此的困難嗎？」

　　他行到一處亂石參差的草地上，選擇了一塊較為平整的石頭坐下來，面對著大小參差的石頭，仍在想他的心事。他想起了在建康道場寺被擯出僧團的一幕，耳畔響起那老僧充滿怒意的聲音：「竺道生，你太狂妄了。你既然執迷不悟，老僧今天要為僧團除去害群之馬……我們將竺道生擯而遣之，逐出僧數。」這時有許多人附和著呼叫：「對、對，擯而遣之，逐出僧數，擯而遣之，逐出僧數。」

　　他也想起他訓斥眾僧的話：「大法東來，經典流布，我輩僧侶，住持正法，延佛慧命。責任是如何重大？我們應該探求佛法的精神，而不是拘泥於經典的文字，斷章取義，不去

做全面的領會……你們唯知死抱經典，不解經義，你們對我的攻訐，無非是出之於嫌嫉之心而已。」想到這裡，他不覺把他心中的話說了出來：「我的見解，認為不僅只眾生平等，眾生皆有佛性，皆可成佛，即使是一闡提之人也有佛性，也可以成佛。」說到這裡，他索性對著草地上的大片頑石，宣講起《泥洹經》的經義來，也講解出他對經文的理解。講了一大段後，他問草地上大小不一的石頭：「你們說，眾生平等，眾生皆可成佛；一闡提雖斷善根，卻不斷佛性，亦可成佛，對嗎？」

草地上大大小小的石頭，在習習秋風中大點其頭，像是在說：「對、對，你說的對。」那老和尚哈哈大笑，在他的笑聲中，那些石頭好像點頭點得更厲害了。直到他的笑聲停止，那些石頭才靜下來。

這個對大片頑石說法的老和尚是誰呢？他是東晉時代的義學高僧、大乘涅槃經學者竺道生大師。竺道生，人稱生公，俗家姓魏，本為鉅鹿（今河北省鉅鹿縣）人，而僑寓彭城（今江蘇省徐州市），東晉穆帝永和十一年（三五五年）出生。他出身於仕宦之家，父親曾任廣城縣令。道生幼年聰明穎悟，他的父親對他十分鍾愛。這時有一位名僧竺法汰，他是道安大師的同學。當道安帶著數百位弟子，自河南往湖北襄陽的時候，走到新野途中，他為使佛法廣為傳布，命竺法汰帶領曇一、曇二等四十多名弟子，到建康（今江蘇南京）弘化。竺法汰到了建康，住在瓦官寺，開講《放光般若經》，朝野僧

俗到瓦官寺聽講者達數千人。年方十餘歲的道生，就是在這個時候於瓦官寺依竺法汰出家，並以師姓為姓，名竺道生。

　　道生出家以後，披讀佛經，研究法義。他才華過人，讀經不拘於舊說，常有新穎的見解，十五歲的時候，就能登座講經，他善於講說，解釋深刻，《高僧傳》本傳上說他講經時：「吐納問辯，辭清珠玉」，使當世的知名之士、宿望學僧，皆詞窮理屈，不能與他相抗衡。他二十歲受具足戒，此時名氣已經很大了，以善於接引士大夫入佛而見重於當世。王公貴人、各方名士，多千里命駕，去向他請益。

　　此後道生離開建康到各地遊學。晉安帝隆安年間（三九七至四○一年），道生年已四十多歲，在這段時間內他到了廬山，向慧遠大師問學，並依西域來華的僧伽提婆，研究小乘佛教說一切有部的阿毘曇學。道生以為，如果沒有深刻的理解中國傳統文化，及天竺的大小乘經典，就不足以弘法傳教。他在廬山幽居七年，潛心於佛法的深入鑽研，即是在於充實自己。晉安帝隆安五年（四○一年），鳩摩羅什自西涼到了長安，在逍遙園譯經講學。道生久慕羅什之名，及至聞知羅什到了長安，興起了萬里求法的心願，他約同了慧睿、慧觀、慧嚴等，負笈北上，投入羅什門下受業。一行人初到長安之時，後秦主姚興在逍遙園接見了他們，命道生和羅什的弟子辯論法義。往復問答，道生所說無不提綱挈領，抓到問題的核心，關中僧侶們都佩服他的博學。此後，他隨著鳩摩羅什大師學習中觀般若之學；並與僧肇、僧叡、道融、曇影等，

參加逍遙園的譯經工作，協助羅什譯出了《大品般若經》、《小品般若經》等經典，成為羅什門下高足之一。羅什門下弟子三千，其中傑出者有「四聖」、「十哲」之名，都有道生在內。

二、天言始中，何得非中

晉安帝義熙五年（四〇九年），道生自長安返回建康，住在青園寺。青園寺原先是晉室恭思皇后所建，原址先為種青處，故稱為青園寺。寺中住的都是有名的僧侶，道生在當時為有名的義學法匠，回到建康，也被請住入青園寺。他在長安從羅什大師遊學數年，於天竺龍樹、提婆的中觀學說深有研究，因而體會到語言文字，只是詮表真理的工具，不可執著粘滯。他常說：「入道之要，以慧解為本」。他不受傳統舊說的束縛，也不拘泥於經典上的語言文字，而是獨立的思考，融會貫通，形成自己的創見。他有一段話表達他的理念：

> 夫象以盡意，得意則象忘。言以詮理，入理則言息。自經典東流，譯人重阻，多守滯文，鮮見圓義。若忘荃取魚，始可與言道矣。

他這段話的意思是說：「形象是為了表達意念的，在意念明白之後，形象便沒有存在的必要了；語言是用來詮釋義理

的，在義理了解以後，就不必拘泥於語言了。自從佛教經典流傳到中國，幾經翻譯之後，不免有失真之處。而一般人只知執滯於經典的文字，很少能見到圓融的義理。如果能做到得魚而忘筌（筌是捕魚的工具，捕到了魚，筌就沒有用處了，就不必把筌掛念在心上；已經體會得義理，就不必拘泥於文字了）才可契悟佛理。」

此後，道生住在青園寺，校閱各種世學與內典的書籍，研究空有奧旨，思考因果關係，終於悟出了「善不受報」、「頓悟成佛」等新義。又撰寫了《二諦論》、《佛性當有論》、《法身無色論》、《佛無淨土論》、《應有緣論》等著作，這些都是表達他個人的佛學理念，及抒發深刻的旨意。《出三藏記集》上說他：「能涵蓋舊有的論點，而抒發出新穎的旨趣」。但是道生這些新理論，卻引起佛教中保守僧侶的嫌嫉，把他的新義目之為「珍怪之辭」，認為道生有篡改經義之嫌，而群起攻之。因此，道生在建康僧團中的人際關係，並不是各方面都和合融洽。但是，即使是反對他的對手，對他處理事務的機警敏捷，也不得不加佩服。下面這個例子就可以證明。

在道生住入建康青園寺十年之後，晉恭帝司馬德文元熙二年（四二〇年），晉室權臣劉裕篡了晉恭帝之位，建立宋國，歷史進入南北朝時代。劉裕篡晉立國之後，史稱宋武帝。宋武帝即位三年薨逝，他的兒子劉義符即位，史稱少帝。少帝在位一年失德被廢，劉裕的第三子劉義隆繼位，史稱宋文帝。宋文帝即位之年是西元四二四年，這時道生已經七十歲了。

　　當時道生聲響極高，深為朝野敬重。宋文帝劉義隆對他十分尊敬，當時的名士王弘、范泰、顏延之等，都曾去從他問學。宋文帝也深知籠絡佛教，可以鞏固帝室的政權，他曾說過：「如果天下人都信佛教，我就可以坐享太平了。」而道生也知道：「不依國王、則法事難立」（道安大師語）的道理，也十分與帝室配合。有一次，宋文帝設會齋僧，把建康諸大寺院所有的名僧都請到了，宴席未開始之前，文帝和眾僧一同談話。並且為表示對眾人的尊敬，要御廚精心料理齋食，因此齋飯就開出的晚了。

　　佛陀住世時代的戒律，出家沙門「過午不食」。所謂午，是指日方正中為限，日斜一指，即已過午。佛教傳入中國後，出家人仍舊維持此一戒律。當日齋食送上之時，眾僧皆以為日已過午，猶豫著不敢下箸。一時之間，場面變得很尷尬。做主人的宋文帝為了打破僵局，就勸眾僧說：「日方正中，還沒有過午。」可是大家依然猶豫不決，沒有人敢率先下箸。這時道生站起來說話了，他大聲說：「白日麗天，天言始中，何得非中？」道生的意思是說：「太陽附麗於天，既然天說正中，當然就是正中。」他此處所指的天就是皇帝，皇帝又稱天子，是天的代言人，所以在此處以皇帝喻天。道生說完話後，端起缽就吃了起來。有人開始就有人附和，於是眾僧全都端缽吃了起來。道生適時的幾句話，既恭維了皇帝，也為眾僧挽回了一餐美食，更重要的是，化解了當時的僵局。

三、眾生悉有佛性，皆得成佛

　　早在晉安帝義熙九年（四一三年），法顯法師由天竺求法回國，住在建康道場寺，與天竺沙門佛馱跋陀羅，合譯出《大般泥洹經》，凡六卷，此又稱為六卷本《泥洹經》。泥洹二字是舊譯，新譯為涅槃。涅槃是梵語 nirvana 的音譯。又譯作為泥洹、泥畔、涅槃那、涅隸槃那等，這只是譯音的不同，意義上並無差別。意譯的話，譯作滅、寂滅、滅度、不生、無為、解脫等。梵語 nirvana 這個字，是從 nir-va 字根衍化而來的，它的原意是「止息」，是指燃燒中的火逐漸止息的樣子。引伸出來的意思，就是眾生心中貪婪、瞋恚、愚痴等煩惱之火逐漸的止息——燃燒中的煩惱之火逐漸熄滅，達於悟智（菩提）的境界，就是涅槃。這是超越於生死迷界，而達於不生不滅的覺悟界，這就是佛教終極的實踐目標。

　　照佛教的經典說，修持戒、定、慧三學，達於極致，就可證得涅槃。但涅槃之後，究竟是一種什麼樣的境界呢？老實說，這是一個無從答覆的問題。因為涅槃的境界是證得的，不是說得的。說的是語言，寫的是文字，語言文字雖可詮釋義理，但不能表達境界。除非你親自證得，否則，縱然千言萬語，你仍不了解這種境界。即使你自己證得涅槃，你親口對別人說，別人仍然不了解。這就是：「譬如飲水，冷暖自知」。

　　六卷本的《泥洹經》，主要的內容是說，一切眾生皆有佛性，皆得成佛。但同時又特別強調：「一闡提」的人除外，一闡提不能成佛。「一闡提」是什麼呢？是梵語 icchantika 的音譯。它的原意是「有欲求之人」，意思是信不具足、極欲、大貪、無種性等，故譯為斷善根，即指斷絕一切善根、無法成佛的人。經上說，一闡提發心至難，有如天生的盲人難以治癒，所以也比喻為生盲闡提。

　　那麼，《泥洹經》中說眾生皆有佛性，佛性又是什麼呢？佛性梵語 buddha-dhatu，又作如來性、覺性，指的是成佛的可能性，這與中國古語：「人人皆可為堯舜」的意思一樣，並不是什麼神祕難測的東西。一般來說，大乘佛教以佛性為成佛的根據，為眾生所共有，它是一種普遍的原理，也可說是眾生心靈中的覺悟之性。

　　道生在六卷本的《泥洹經》譯出以前，就已經對「佛性」問題作過深入的探索，根據他自己對佛教義理的了解，曾寫過《佛性當有論》的論文。及至法顯與佛馱跋陀羅譯出了六卷本的《泥洹經》，他更是以「先睹為快」的心情，對新譯出的經文作了深入研究。這時他發現經文內容不夠圓滿，既然眾生皆具佛性，那麼何以能把同屬於眾生的一闡提人，排斥於眾生之外呢？他「剖析義理，洞入幽微」，以不受經文束縛的理念，「孤明先發」，提出他個人的見解：「一闡提人也有佛性，亦得成佛」的主張。他認為：「一闡提人雖斷善根，卻不斷佛性」，所以亦能成佛。

　　道生的見解是正確的，原來《涅槃經》在中國有三種譯本，一是法顯與佛馱跋陀羅在建康譯的六卷本《泥洹經》；一是曇無讖在北涼譯的四十卷本《大般涅槃經》，此俗稱北本，或稱大本；還有一譯本，是後來慧觀、謝靈運等人，把曇無讖四十卷本刪定成三十六卷，俗稱南本《涅槃經》。六卷本《泥洹經》譯出的最早，但它只是四十卷本前十卷的異譯。而這時四十卷本的《大般涅槃經》尚在翻譯之中，當然還沒有流傳到建康。但在四十卷本中，就稱一闡提人悉有佛性，皆得成佛，與道生之說「合若符契」。但這是以後的事。

四、標揭新義，「獨見忤眾」

　　道生在建康居住多年，他是有名的義學法將，在京城學術界有著崇高地位，受到皇室及王公大臣的尊敬。但是由於他主張：「入道之要，以慧解為本」，不受傳統舊說的束縛，不拘泥於經典文字，常提出獨特的新見解，這就引起保守派僧侶的嫌嫉，說他的見解是「珍怪之辭」。到了六卷《泥洹經》譯出，他獨排眾議，提出「一闡提人也有佛性，亦得成佛」的主張，這就形成了「獨見忤眾」的情形，被拘泥於經典文字的守舊僧侶，認為他篡改經義，散布邪說，對他群起而攻之。隨著攻訐排斥的人愈來愈多，於是有人醞釀把他「擯而遣之」──擯出僧團，逐出建康，以杜絕邪說的流行。

　　於是有一天，排斥他的人相約在京師道場寺集會，也邀約道生出席，名義是討論新譯出的《泥洹經》的內容。道場寺的大殿中，建康城的義學名僧濟濟一堂，可說是一次難得的盛會。但氣氛有點詭異，有一種「山雨欲來風滿樓」的預兆，似乎有什麼事要發生了。《泥洹經》新譯出不久，抄錄了許多份，人手一冊。這時，有人翻閱著經文，並且讀出來：

　　序品第一。如是我聞，一時佛在拘夷城力士生
　　地，熙連河側，堅固林雙樹間，與八百億比丘
　　前後圍繞，二月十五日臨般泥洹，時眾生各各
　　悅樂……

　　翻閱經文的人說：「譯文樸素流暢，不錯、不錯。」當時有人附和，但更多的人卻是保持緘默，不置可否。

　　本來，譯文出自法顯、佛馱跋陀羅等高手，其質樸無華、正確曉暢，自不待言。但眾人皆知道，討論的重點並不在經典文字。這時，一位高年老僧，具有領袖群倫的架勢，開始說話了：「譯文流暢自不待言，不過……」他翻開經本：「經文中有些文字，老僧不解。經文中說願一切眾生，悉成平等如來法身；一切眾生，皆有佛性。這種說法妥當嗎？」

　　「是呀！」馬上有人附和：「眾生平等，難道就沒有貴賤高下的分別嗎？」

　　「還有，除了貴賤高下之外，還有家世、門第、人品、

學問種種的差別，怎能說完全平等，都能成佛呢?」又有人附和著說。

「經文中也有提到……」有人插口說:「一闡提不能成佛，除了一闡提之外的眾生，才有佛性，才能成佛。」

「一闡提當然不能成佛」馬上有人提出反駁:「一闡提是最卑賤之人，是燒焦之種，已鑽之核，怎麼能成佛呢?就是一般眾生，也不應該人人皆可成佛呀!」

這時人群中響起了嗡嗡的議論之聲，許多人在各抒己見。

「不然，」這時有一個人站起發言，他神情肅穆，聲音清越的說:「我的見解，認為不僅只眾生平等，眾生皆有佛性，皆可成佛，即使是一闡提之人也有佛性，也可以成佛。」

他此言一出，大殿中一時靜了下來。略頓一下，那位高年老僧說話了，他提高聲音說:「竺上人，多年以來，早知你竺上人學深似海，睥睨自雄，時有珍怪之辭發表。就以今日這部《泥洹經》而論，此經內容與舊經多有背離，實屬離經叛道，不足為法。什麼眾生平等，難道說，皇上皇后、王公大臣、大德碩儒，可以與鄉曲小民、山野漁樵，全是平等的嗎?真是荒謬之論呀、荒謬之論……」

「是呀、是呀，照這樣說，豈不就是犯上嗎?」馬上有人附和以助聲勢。

老僧一擺手，止住別人講話，繼續說:「新譯出的經中明明說:一闡提不能成佛，你竺上人偏要說一闡提亦可成佛。你不只是叛離舊經，同時也反對新經，難道說所有的經典都

不在你竺上人的眼中嗎?」

　　此話一落，大殿中又響起了各種議論的聲音。這時有人首先發難，粗暴的大聲說:「竺道生，你今天要把話說清楚。」

　　「對、對，今天要把話說清楚。」眾人隨聲附和，同時把目光都集中在道生一個人身上，並且多是怒目而視。這種一面倒的形勢，有一些平時與道生友好的人，此時也噤若寒蟬，默不作聲。這時，只有道生穩穩站在原地，面帶傲然的冷笑，閉口不言。待到眾人的聲音平息下來，他說話了:「大法東來，經典流布，我輩僧侶，住持正法，延佛慧命。責任是如何重大，我們應該探求佛法的精神，而不是拘泥於經典的文字，斷章取義，不去做全面的領會……」

　　眾人不容他把話說完，有人高呼:「竺道生，到現在你還如此狂傲，你簡直目中無人，太放肆了。」

　　道生仍然傲然冷笑，不屑的說:「你們唯知死抱經典，不解經義，你們對我的攻訐，無非是出之於嫉妒之心而已。」

　　此言一出，大殿中一片嘩然。這時那位具有領袖群倫架勢的老僧，向前跨出兩步，對道生說:「竺道生，你太狂妄了。你既然執迷不悟，老僧今天要為僧團除去害群之馬。」他轉身面向眾人說:「我以為，將竺道生擯而遣之，逐出僧數，如何?」他目光掃向眾人，等待眾人的反應。

　　「對、對，擯而遣之，逐出僧數，擯而遣之，逐出僧數。」眾人附和呼喊。

　　一時之下，道生也楞住了。他沒有想到會有這種場面出

現，但他馬上又恢復了鎮靜，仍然是滿臉傲然的冷笑，大踏步走向殿門。到殿外跪下來，對天宣誓：「若我所說違於經義者，請於現身即表癩疾；若於實相不相違背者，願捨壽之時，據師子座。」

上面一段話若加以語譯的話，就是說：「如果我的觀點違背了經義，我願意現身得報，要我感染癩疾；如果我所說的，與正道不相違背，希望我在捨壽命終時，能死在師子座上。」師子座，亦作獅子座，原是指釋迦牟尼佛陀住世時的座席。佛為人中獅子，故佛所坐之處稱獅子座。後來則泛指寺院中佛、菩薩之臺座，以及高僧說法時之座席。道生說完了上面一段話後，拂袖而去，離開了建康。

五、盧山圓寂，據獅子座

道生離開建康，到了姑蘇虎丘山，結茅而居。《高僧傳》本傳上並沒有提到他「對石說法」這段事，只說他「旬日之中，學徒數百」。而《佛祖統記》卷二十六，及《歷代佛祖通載》卷八，都記載著這個「生公說法，頑石點頭」的故事。

道生在虎丘山住了相當久的一段時間，於南朝宋元嘉七年（四三〇年）夏天，再次回到盧山，受到山中僧眾熱烈的歡迎，《高僧傳》本傳上說：「山中僧眾，咸共敬服」。大約就在這段時間中，北涼曇無讖譯出的四十卷本《大般涅槃經》

傳到建康，經中果稱一闡提悉有佛性，皆得成佛，與竺道生
所說「合若符契」，於是竺道生的名聲大振，眾人都歎服他「孤
明先發」的高識卓見。

　　道生得到了四十卷本的《涅槃經》後，便在廬山為僧眾
講說，遠近道俗聽講者趨之若鶩，使他的理論觀點得到大眾
的認同；而眾生皆有佛性之說，後來也就成為中國佛性說的
主流。南朝宋文帝元嘉十一年（四三四年），冬十一月，道生
在廬山精舍逝世。據說示寂之日，他像往常一樣升座講經。
《高僧傳》本傳上說他講經時「神色開朗，德音俊發，議論
數番，窮力盡妙。」堂上聽眾莫不歡喜。就在講經將要結束的
時候，忽見他手中所持的塵尾（拂塵）墜落在地上。眾人驚
異的看道生時，發現他「端坐正容，隱几而卒」，他已經示寂
了。而他臉上的神色像平常一樣，就像入定了似的。

　　道生大師在廬山示寂，消息傳出，遠近道俗聞之，莫不
傷心悲泣；死訊傳至建康，當年擯遣道生的那些人，回想到
道生離開道場寺時的誓言：「願捨壽之時，據獅子座。」莫不
內慚自疚，追而信服。

　　道生生前的著作很多，見於記載的，有《維摩詰經疏》、
《法華經疏》、《泥洹經義疏》、《小品般若經義疏》等，現在
只《法華經疏》二卷尚存。此外，尚有《善不受報義》、《頓
悟成佛義》、《二諦論》、《佛性當有論》、《法身無色論》、《佛
無淨土論》、《應有緣論》等，都已散佚無存。還有關於佛性
問答的著作《涅槃三十六問》，其中只有〈答王衛軍書〉一篇，

後來被收入《廣弘明集》中。

　　以上著作中，代表他主要思想的論著，是《佛性當有論》、和《頓悟成佛義》二篇。這是他對於般若空觀和涅槃佛性兩種理論融會貫通之後，自成的一家之言。他在《法華經疏》上稱：「萬法雖異，一如是同」——現象界的萬法雖然各異，但本體界的真如則是相同。依此論據，說一切眾生皆有佛性，但為無明煩惱所覆，受生三界；進一步說一闡提也是眾生，當然也有佛性。包括一闡提在內的一切眾生，只要斷滅煩惱，當然皆得成佛。

　　頓悟成佛，也是道生的主要學說。一切眾生本有佛性，都具備了成佛的可能性，但成佛是頓是漸，則看法各異。道生主張頓悟，而支遁、道安、僧肇等人，則主張漸悟。道生認為，真理湛然常照，本不可分，因為凡夫迷惑而起分別。真理既然不可分別，故悟入真理的極慧，也不應該分階段。所以，以不二的極慧，照不分的真理，應該是「豁然貫通，渙然冰釋」，這就是頓悟。

六、中國禪宗初祖菩提達摩大師

藉教悟宗，
深信含生同一真性，客塵障故。
令捨偽歸真，凝住壁觀，
無自無他，凡聖等一，
堅住不移，不隨他教，
與道冥符，寂然無為。

一、與梁武帝的一段對話

　　據說，南北朝時代蕭梁的大通元年（五二七年），由印度遠渡重洋，途中三周寒暑的菩提達摩大師，於十月一日那一天到了金陵（今之南京）。他見到了梁武帝，開始了一段歷史性的對話。梁武帝問他：

　　「朕即位以來，造寺寫經，度僧不可勝記，有何功德?」

　　——梁武帝說的並不誇張，他自天監元年（五〇二年）稱帝以後，未久就宣布以佛教為國教。他說：「唯佛一道，是為正道」，命令宗室、百官一體「收偽就真，捨邪入正」，信仰佛教。他本人四度捨身同泰寺，每一次都為臣下以億萬金錢贖回來。當時金陵一地，有寺院五百餘所，僧尼十餘萬人，所以他信心滿滿的問菩提達摩：「有何功德?」

　　但是，想不到菩提達摩回答他的是：「並無功德」。

　　「並無功德?」梁武帝不解，心中也不服，再問：「何以無功德?」

　　達摩回答：「此但人天小果，有漏之因，如影隨形，雖存非實。」

　　——人天小果，在佛經上說是三界（欲界、色界、無色界）之中，六道輪迴的果報。六道又稱六趣，是天趣、人趣、阿修羅趣、畜生趣、餓鬼趣、地獄趣。六道輪迴，不出三界，

離超越生死的成佛境界距離甚遠，故稱小果。有漏之因，漏是煩惱的異名，是流注漏泄的意思，含有染汙、缺失、不圓滿的意義。所以世間眾生，無論是造下五逆十惡的惡業，或是造下五戒十善的善業，都只能在六道中輪迴。造善業者得人天的果報，造惡業者得下三道──地獄、餓鬼、畜生道的果報，皆不出於三界。

達摩的意思是說，你梁武帝的所作所為，一切是影子而非形體，是虛幻而非實質，做得再多也不可能成佛。

梁武帝在歷史上號稱「菩薩皇帝」，成佛是他最熱切的願望，面對著遠來的佛國高僧，他不肯錯過當面請教的機會。他再問：

「如何是真功德？」

達摩不能從正面答覆，他以否定方式回答：「淨智妙圓，體自空寂，如此功德，不以世求。」

他的意思是說：成佛是以圓滿的智慧，證最高的真理（真如）。而圓滿的智慧，微妙清淨，無體無相；人間的造寺寫經，齋僧布施的功德，只能得到人天小果的福報，根本不是成佛的原因。

話不投機，梁武帝漸漸的失去了耐性。他以為：你這是什麼佛教？何以與經書上說的全不一樣？至此，他出辭鋒利的質問：

「如何是聖諦第一義？」

──什麼是佛教的最高真理？

達摩仍舊十分虔誠的回答:「廓然無聖。」

——沒有,你所說的佛教的最高真理,在「世俗諦」的世間是不存在的。因為:語言文字雖然可以詮釋真理,但其本身並不是真理。真理是證得的,不是說得的,只不過梁武帝不理解這層道理罷了。

什麼,沒有聖諦?梁武帝終於忍耐不住的予以反擊:「對朕者誰?」

——梁武帝的意思是說,既然沒有聖諦,站在我面前的又是什麼人呢?你難道不是佛祖的弟子嗎?你難道不相信佛法嗎?你遠道來到金陵又是為了什麼?

達摩依舊嚴肅的回答:「不識」——不認識。

——聖諦需要自己親證體悟,一旦說出,就不是第一義了。

話說到這裡,對話終於繼續不下去了。《碧巖錄》上說:「帝不契,達摩遂渡江至魏。」他走了。

二、菩提達摩的真面目

以上這一段對話的故事,千年以來在佛教中膾炙人口,傳誦不絕,是一段眾人皆知的佛門公案。不過,這段公案是後人附加的,而不是當時的事實。這段公案出之於《碧巖錄》,《碧巖錄》是宋代僧圜悟克勤(一〇六三至一一三五年)編

輯的，距離菩提達摩來華已經過了五百多年。而早期資料的
《洛陽伽藍記》、《續高僧傳》上，都沒有這項記載。菩提達
摩的資料，在早期非常貧乏，非常簡單而樸實。但是隨著禪
宗在中國的發展，菩提達摩逐漸被神化，他的資料愈來愈多，
傳說也愈來愈奇，而成為一位傳說式的人物。菩提達摩來華
之後，最早見於史冊的，是北魏人楊衒之的《洛陽伽藍記》。
楊衒之在此書中記載：「永寧寺，是熙平元年太后胡氏所立也
……這是一件十分巨大的工程，建造的精巧無比……這時有
西域沙門菩提達摩者，他是波斯國胡人，來自荒裔邊疆，到
中國內地遊歷；見到如此宏偉莊嚴的梵宇，讚歎不已。他自
稱年已一百五十歲，到過許多國家，從未見過如此的偉大的
建築；如此精麗壯觀的寺院，實是世間所無也。他恭敬合掌，
口唱佛號，終日不去。」

　　楊衒之與菩提達摩是同時代的人，這一段記載當屬可信。
晚於此一記載的，是唐道宣（五九六至六六七年）所著的《續
高僧傳》。其〈達摩本傳〉曰：「菩提達摩，是南印度的婆羅
門種姓，他天生穎慧，舉一知三。他以弘揚大乘佛教為己任，
對禪定之學有極高的造詣。他以中國定學不發達，發願來到
中土弘傳。初達宋境的南越，未幾又到北方魏境。沿途隨緣
弘傳禪教。但當時北魏盛行講經，初聞禪定之學，遭受很多
人的譏謗。」

　　以上兩段史料雖然簡單，但可信度較高。到了後世，菩
提達摩的記載日益增多，內容日益詳盡，事跡也日益神奇，

但可信的程度反而降低了。菩提達摩的傳說故事，除了在金陵與梁武帝的一段對話外，還有「一葦渡江」、「九年面壁」、「六度中毒」、「只履西歸」等等。雖然難以盡信，但也無從考證了。現在依於唐道宣的《續高僧傳》、唐智炬的《寶林傳》、宋道標的《景德傳燈錄》、宋契嵩的《傳法正宗記》等史籍中的有關資料，概述其生平如下。

　　菩提達摩，簡稱達摩，傳說中稱為達摩祖師，他是南天竺國香至王的第三子，本名菩提多羅。據說西天禪宗二十七祖般若多羅，遊化至南天竺香至國，受到香至王的供養。般若多羅欲試探香至王三個兒子的智慧，就拿出一顆寶珠問他們說：「此珠圓明，有能及否？」

　　達摩的兩個哥哥回答的是：「這是七寶中最珍貴的寶珠，若不是尊者的道力，誰能持有呢？」七寶，是印度古代最珍貴的七種珍寶，為金、銀、琉璃、頗梨（水晶）、車渠、赤珠、瑪瑙。其中以赤珠最為珍貴難得，般若多羅所出示的，大概就是這種珠子，所以兩位王子作出以上的回答。但般若多羅真正要問的，並不在於珠子，尚有他的「言外之意」。這時，香至王的第三子達摩卻抓住了問題的核心，他說：

　　　此是世寶，未足為上。於諸寶中，法寶為上。
　　　此是世光，未足為上。於諸光中，智光為上。
　　　此是世明，未足為上。於諸明中，心明為上。
　　　此珠光明，不能自照，要假智光。既辨此已，

> 既知是珠，即明其寶，寶不自寶，然則師有其
> 道，其寶即現。眾生有寶，心寶亦然。

　　達摩知道般若多羅所說的圓明，不是珠子的圓明，而是佛法的圓明。他就以此為立論點，說出一大套法寶、智光、心明，勝於世寶、世光、世明的道理。於是，般若多羅欣然傳法與達摩，達摩成為西天禪宗的二十八祖；於是，達摩肩負著歷史重任，「泛重冥，凡三周寒暑⋯⋯」的來到中國；於是，有了在金陵和梁武帝的一段對話；於是，由於話不契機，遂「一葦渡江」，到了北魏。

三、少林面壁九年、慧可立雪斷臂

　　達摩離開金陵，渡江北上，入北魏國境。他沿途「隨其所止，誨以禪教。」就是說，他一路上都在找機會傳授他的禪法。但是，反應並不熱烈，也沒有造成轟動。何以如此呢？因為北魏境內：「於時合國盛宏講授，乍聞定法，多生譏謗。」原來當時北方盛行講經，聽說傳授禪定之法，不但不學，反而「譏謗」。這就像是竺道生「孤明先發，獨見忤眾」似的，不為一般人所接受。

　　他曾到過北魏的國都洛陽。北魏孝文帝於太和十八年(四九四年)，自平城遷都洛陽，此後由宣武帝、孝明帝繼位。孝

明帝時代，胡太后臨朝，崇信佛教，在洛陽作大佛像，高四十三呎，用銅十萬斤；在伊闕造九級浮圖，高九十丈。達摩所見的永寧寺，也是胡太后所建。那時，洛陽一地有佛寺一千三百六十七所，僧尼數萬。自西域來華的沙門三千餘人，正是洛陽佛法最昌隆的時代。

達摩於孝莊帝永安元年（五二八年）到了洛陽，他到永寧寺參觀的時候，可能曾與楊衒之相遇，才使楊衒之在《洛陽伽藍記》中留下了一筆紀錄。不然，洛陽有西域沙門三千餘人，何能一一都為楊衒之記入書中？至於《洛陽伽藍記》的伽藍二字，是梵語 samgharama 之略譯。全譯為僧伽藍摩，就是僧眾所居的園林。在中國，則用以稱僧侶所居的寺院、堂舍。

達摩於洛陽參觀後，行腳到距洛陽東數十里的嵩山少林寺。少林寺在少室山北麓的五乳峰下，原為北魏太和二十年（四九六年），孝文帝為天竺沙門佛陀扇多所建。佛陀禪師駐錫少林時，寺的西臺舍利塔之後有翻經臺。勒那摩提曾在此翻譯經論。達摩到少林寺之年，是在建寺完成的三十年之後。傳說他在寺中面壁九年修定，如今少林寺後山五乳峰的半山，尚留有達摩洞、面壁石等遺跡。

《續高僧傳》上稱：達摩在少林寺獨自修習禪定，時人稱他為壁觀婆羅門。有道育、慧可兩位沙門，參謁達摩並親近和供養，前後有四、五年之久。達摩感於他們的真誠，乃傳授法衣給慧可，並授給他四卷《楞伽經》，說：「我看中國

人的根器於此經最為相宜，你能依此而行，即能出離世間。」
這一段經過，後來在《景德傳燈錄》上發展成為「立雪斷臂」
的故事。但在《續高僧傳》慧可本傳載，他的手臂係遭盜賊
所斫斷。

　　慧可是我國禪宗二祖，他是河南洛陽人，俗姓姬。初名
神光。又作僧可。幼時於洛陽龍門香山寺依寶靜出家，在永
穆寺受具足戒。早年周遊聽講，參禪冥想，精研孔老之學與
玄理。後來參謁達摩祖師於少林寺，從學六年，達摩付予大
法，並傳法衣。後來達摩西歸後，慧可於北齊天保三年（五
五二年），傳法予弟子僧璨，此後他即赴河南鄴都演說《楞伽
經》，凡三十餘年，韜光晦跡，人莫能識。入隋朝後，他於筦
城匡救寺盛揚宗風，學者雲集，隋開皇十三年示寂，世壽一
〇七歲。文帝賜「正宗普覺大師」、「大祖禪師」的諡號。

四、二入四行、定慧雙修

　　菩提達摩所傳授的禪法，其基本內容是「二入四行」之
說。二入是理入和行入，四行是報怨行、隨緣行、無所求行、
稱法行。道宣在《續高僧傳》的達摩本傳記載著：「如是安心，
謂壁觀也；如是發行，謂四法也；如是順物，教護譏嫌；如
是方便，教令不著。然則入道多途，要唯二種，謂理、行也。」
文中是說，入道的途徑很多，有安心、發行、順物、方便等

等，但主要的只有兩種，一者安心，二者發行。安心是理論的思考，稱為理入；發行是實踐的方法，稱為行入。理入是慧學，行入是定學。理行並進，就是禪法的理論和實踐相結合，也就是定慧雙修。

《楞伽經》是如來藏緣起一系的經典，所以此處的理入，就是在如來藏緣起的理論基礎上進行「壁觀」。關於「壁觀」，有著不同的解釋。照字義說，原意是面壁而觀；但亦有解釋為心如直立不移的牆壁，無偏無執、不落於兩邊的中觀；而華嚴五祖宗密在〈禪源諸詮集都序〉中稱：「達摩以壁觀教入安心云，外止諸緣，內心無喘，心如牆壁，可以入道，豈不正是坐禪之法？」道宣在《續高僧傳》上記述：「藉教悟宗，深信含生同一真性，客塵障故。令捨偽歸真，凝住壁觀，無自無他，凡聖等一，堅住不移，不隨他教，與道冥符，寂然無為。」上面這段話如果語譯的話，是說：「理入的意思，是深信一切生命，都具同一真性，只為客塵煩惱所障蔽；現在令之捨偽歸真，凝住壁觀，沒有自他的分別，凡聖一體相等，這樣堅住不移，與大道冥然符合，達到寂然無為的境界。」

理入，首先要認識到自性即是佛性，只因被塵垢障覆，而不能顯現，如果能消除塵障，自然就能恢復真性。而消除塵障，恢復真性的方法是修「壁觀」，達到心如直立的牆壁，無偏無執的狀態，觀照到自性和佛性同一。

行入分為四種，即報怨行、隨緣行、無所求行、稱法行。分述如下：

　　一者報怨行：〈達摩本傳〉上說：修道之人，若遇到受怨苦時，當念我在往昔劫中，捨本逐末，在三界六道中輪迴，多起愛憎；如今雖然無犯，但是由於往昔宿殃惡業之因，而有今日怨苦之果，作如是想，甘心忍受。此心生時，與理相應，以此消怨之心修道，名曰報怨行。

　　二者隨緣行：〈達摩本傳〉上說：「四大苦空、五蘊無我」。人生際遇，皆隨著宿世的業力，在因緣和合下生起現行。如果遭受勝報榮譽之事，也不過是過去宿因之所感，到緣盡則無，有何可喜之處？如此則得失隨緣，心不增減，切不可得榮即喜、得辱即怨，這就是隨緣行。

　　三者無所求行：〈達摩本傳〉上說：世人長期迷惘，隨處貪求，永無休止。而修道者悟得諸行無常、諸法無我之理，安心無為，萬有皆空，順道而行，無所希求，此謂無所求行。

　　四者稱法行：〈達摩本傳〉稱：自性清淨的理體，名之為法。在此法體之上並沒有慳貪、毀犯、瞋恨、懈怠、散亂、愚痴的意念。故而順之以行布施、持戒、忍辱、精進、禪定、般若的六度，這就是稱法行。

　　以上只是概要的略說，在《楞伽師資記》一書中，有詳盡的記述。

　　達摩的生卒年代不詳，他晚年的事跡，資料上都沒有明確的記載。楊衒之的《洛陽伽藍記》上說他晚年不知所終，智炬的《寶林傳》上說他晚年中毒而逝，葬於熊耳山（在河南宜陽縣）。此外又傳說魏使宋雲自西域回國時，與達摩相遇

於蔥嶺，他提著一隻鞋子西行，這就是傳說中的「只履西歸」
的故事。

七、大成天台宗的智顗大師

太建七年，智顗三十八歲，
他帶著弟子慧辯等二十餘人，
離開建康南下，進入浙江的天台山。
他在北面山峰下創立伽藍，並栽植松栗，
引入流水，改善寺院周圍的環境。
他自己並在寺北的華頂峰，結茅獨居，
行頭陀行，修習禪觀。

一、國破家亡、智顗出家

　　印度的佛教，在兩漢交換之際傳入中國，經過漢、魏、兩晉、及南北朝時代，歷時已經近六百年。在這漫長的歲月中，由佛經的翻譯，到法義的傳播，這種外來的異質文化與中國本土的傳統文化，由互相激盪而彼此調適、互相容攝，到隋代統一之時，中國人的佛學思想已日趨成熟。這時出現了一個中國人開創的宗派，就是三諦圓融的天台宗。而創立天台宗的中心人物，則是智顗大師。

　　智顗本姓陳，幼名光道，字德安，祖籍潁川（河南許昌）。他的祖先陳茂積，曾建立功業，事跡載於《南史》。永嘉之亂，中原士族南遷，智顗的祖先流徙荊州，僑寓南郡華容縣。到梁武帝大同四年（五三八年），智顗在華容縣出生。智顗的父親陳起祖，是一位文武兼質的人物，《智者大師別傳》上稱陳起祖：「學通經論，談吐絕倫，而武策運籌，偏多勇決」。他以此受到荊州刺史蕭繹的賞識。蕭繹是梁武帝蕭衍的第七子，封湘東王，領荊州刺史。陳起祖受知於蕭繹，被列為賓客，且「奉敕入朝領軍」。在智顗出生的前一年，梁朝與北魏兩國停戰言和，此後有上十年的太平歲月，所以智顗的幼年，過著頗為安定的生活，也受著良好的教育。

　　智顗自幼生得雙眼重瞳，聰穎過人，從小口不妄語，具

備著溫良恭儉的美德。荊州是個佛教昌隆的地區，智顗生具善根，自小就知禮佛敬僧。他七歲的時候，常到寺院中禮佛，寺院中和尚們見他舉止有異常兒，便口授他《觀世音菩薩普門品》，他很快就能背誦出來。這樣反而引起他父母的不安，怕他因崇佛而出家，就不讓他再到寺院中去。但他還是常常背誦《普門品》，思索這一段經文的意義。

梁武帝太清元年（五四七年）三月，東魏的河南道大行臺侯景，背叛東魏，上表投降梁朝，梁武帝貪圖河南之地，接受了侯景的投降，封侯景為河南王，並出兵伐魏，以此輕啟戰端，兵連禍結。翌年侯景又背叛了梁朝，十月率領叛軍占領建康（今之南京），將梁武帝圍困於臺城。翌年攻佔臺城，梁武帝餓死。梁武帝第七子荊州刺史蕭繹，在江陵即皇帝位，是為梁元帝。此時智顗的父親陳起祖，被封為持節散騎常侍──類似於皇帝身邊顧問的官員，是為皇帝的近臣。梁元帝承聖三年（五五四年），西魏派大將宇文護出兵攻梁，十一月攻下江陵，俘獲了梁元帝處死。這一年智顗年十七歲。

在這一場國破家亡的大動亂中，智顗隨著父母逃出江陵，初逃到硤州（今湖北宜昌附近），再逃向湘州（今湖南長沙），最後逃到廣州，依附於廣州刺史陳琳。在逃難途中，顛沛流離，受盡艱苦。這使智顗感悟到世間無常，國土危脆，榮華富貴，轉眼成空。他想出家修道，脫離這有如火宅似的世間。但以父母年邁，寄人籬下，因而不忍開口。未幾，他的父母也以承受不了國破家亡的打擊，相繼病逝，智顗為父母營葬

如禮，乃於十八歲之年，投入湘州果願寺，依法緒和尚落髮
出家。法緒為他授以沙彌十戒，叫他到慧曠律師處學律。智
顗二十歲受具足戒，繼而研習《方等》、《法華》等大乘經典。

二、弘化建康、隱居天台

陳文帝天嘉元年（五六○年），智顗聽說慧思禪師從北方
南下，在光州（今河南光山縣）大蘇山弘道，智顗就前往請
益，依慧思禪師受學禪法。慧思禪師（五一五至五七七年）
是武津（河南上蔡）人，俗姓李，自幼歸佛樂法，心愛《法
華經》，十五歲出家，後來參謁河南慧文禪師，得授觀心之法，
並得法華三昧。北齊天保五年（五五四年），慧思至光州大蘇
山講經弘化，長達十四年之久，以此聲響遠播，學徒日盛，
智顗就是在這個時候到大蘇山依之受學的。

慧思為智顗講授四安樂行，智顗日夜精進，勤奮修學。
有一天，他誦《法華經》到〈藥王品〉，忽然開悟，證得法華
三昧。此後即常代慧思講經，名聲日著。他依慧思受學七年，
慧思將去南岳，行前為智顗傳法，囑咐他到建康傳弘禪法。
陳廢帝光大元年（五六七年），智顗和道侶法喜等二十七人東
下建康，展開弘傳禪法的活動，受到僧俗兩眾的信服。兩年
之後，陳宣帝請他駐錫瓦官寺。他在瓦官寺開講《法華玄義》，
樹立宗義，判釋經教，初步奠定了天台宗的理論基礎。繼而

又開講《大智度論》、《次第禪門》等經典，還寫出了《六妙
法門》等著作。這使他的道響日著，朝中高官如僕射徐陵、
侍中孔奐、尚書毛喜、光祿王固；建康名僧如建初寺寶瓊、
白馬寺敬韶、禪眾寺智令、定林寺法歲、奉誠寺法安等，都
對他深為敬重。這固然與他深達禪觀、善講法要有關，但也
與建康佛學風氣的轉變有關。原來南北朝時代的佛教，北方
重禪觀，南方重法義；但到陳代風氣漸變，南方也開始留意
禪法。智顗本來是禪宗的傳承，他依慧思禪師學禪，受師命
到建康弘傳禪法，提倡定慧雙修，自然深受到道俗的歡迎。

　　智顗首次在建康弘化，前後七年，到陳宣帝太建六年（五
七四年），北周武帝廢止佛道二教，損毀經像，被迫還俗的僧
道達二百萬人。這時北方僧侶紛紛到南方避難，多以建康為
首要目標，使得建康佛教變得十分複雜。智顗觀察時勢，決
定離開建康，找一處山林隱修。翌年 —— 太建七年，智顗三
十八歲，他帶著弟子慧辯等二十餘人，離開建康南下，進入
浙江的天台山。他在北面山峰下創立伽藍，並栽植松粟，引
入流水，改善寺院周圍的環境。他自己並在寺北的華頂峰，
結茅獨居，行頭陀行，修習禪觀。

　　在智顗離開建康的時候，陳宣帝曾下敕挽留。到他離開
建康兩年之後，太建九年，宣帝遣使下詔：「割始豐縣調，以
充眾費，蠲兩戶民，用供薪水」。這是說，政府以始豐縣（今
浙江天台縣）的賦稅，供智顗寺院中僧徒的道糧；又調兩戶
百姓為寺院作雜務。

　　智顗在天台山期間，曾作了一件與人民生計有關的事業。原來始豐縣的居民，由於住在瀕海地帶，多以漁業為生，亦多以魚蝦為食。智顗本著佛家慈悲的心懷，他出資購下一段海岸作為放生池，池中魚蝦不准捕撈。未久，會稽郡守請他講《金光明經》，智顗講經時，強調佛家慈悲喜捨的四無量心，及因緣果報的關係；勸導眾人戒殺護生，不要再捕捉魚蝦。聽者深受感動，智顗進一步散發粳稻，勸漁民棄漁從農。從此以後，始豐縣從農的人口日多，捕魚者日少，大大的改善了人民的生活。

　　智顗在天台潛修九年，逐漸完成了天台宗的思想體系。天台宗的基本典籍天台三大部——《妙法蓮華經文句》、《妙法蓮華經玄義》、《摩訶止觀》，就是在這段時間內宣講修訂，而由其門人灌頂所筆錄下來的。三大部原在建康瓦官寺宣講過，其中《妙法蓮華經文句》，是闡釋《法華經》的著作；《妙法蓮華經玄義》是闡明《法華經》的經題及其教相；《摩訶止觀》是解說《法華經》的觀心法門。這些經典，後來在建康、荊州都曾重複的再講。

　　智顗在天台山潛居九年，名聲卻愈來愈大，為全國道俗所敬仰。在此期間，陳宣帝於太建十四年（五八二年）駕崩，陳後主繼位。後主曾顧問群臣：「釋門中誰的德學最高？」徐陵對曰：「瓦官寺的智顗禪師，道德學問為群賢所宗；現今雖隱居天台山，而為天下道俗敬重。」後主對智顗敬慕不已，三年之中，曾經七次遣使請他回建康。智顗為後主誠意所感，

乃決意離山入京。他於後主至德三年（五八五年）抵達建康，
後主請他住在靈曜寺，並請他在太極殿講《大智度論》、《仁
王護國般若經》、和《法華經》。他在太極殿宣講《大智度論》、
《仁王經》時，後主陳叔寶及后妃、太子、大臣、高僧等洗
耳恭聽，講畢後又殷勤禮拜，他所受的禮遇可說是史所僅見。

　　陳宣帝太建十三年（五八一年）時，北周丞相楊堅篡位
自立，在長安建立大隋王朝。隋文帝開皇八年（五八八年），
文帝下詔伐陳，翌年隋將韓擒虎大軍入建康，俘虜了陳後主，
陳朝滅亡，南北朝時代結束，全國復進入統一時代。而在智
顗來說，他卻是再一次遭逢到亡國之痛。在隋軍入城之前，
他率領著弟子灌頂等逃出建康，他原打算回到他出生之地的
荊州，途中經過廬山，他率著弟子進入廬山，暫時居留下來。

三、志在山林、事與願違

　　在建康城破之前，智顗率領弟子灌頂等逃出城外。這時
他何以不南下入天台山，卻西行欲回荊州呢？因為浙江是隋
軍下一步進攻的目標，南下浙東難免再遭戰禍；而他出生之
地的荊州，這時已是隋朝的國土，不至於再有戰爭，這是他
西行的原因。不過，途經潯陽，他和東晉慧遠大師似的，愛
上廬山風光而進入廬山。

　　這時，隋文帝第三子秦王楊俊，領兵駐紮漢口，聞知智

顗在廬山，一再派遣屬官赴廬山延請，希望他到漢口弘法傳
道。智顗一再推拖，婉言謝絕，不願去和楊俊見面。原來智
顗兩遭亡國之痛，但心情卻不相同。早年梁元帝蕭繹亡國之
時，他只是一個十七歲的少年，眼見國破家亡，父母雙逝，
使他感到世間無常，榮華富貴轉眼成空，而有出家修道之想；
但陳代亡國之時，他已年逾知命，智慧如海，身為一代宗師，
佛教領袖，他所關心的是弘揚正法，延佛慧命。至於政權的
興替，王朝的滅亡，在佛教萬法無常的真理中，無寧是自然
的法則。

　　不過，他生長在南朝，意識中一向以南朝為正統，北軍
南下滅人國家，自然是侵略行為。再者，陳宣帝對他經濟上
的支持（割始豐縣租支持他的寺院），陳後主對他的禮遇，究
竟是一種情分，所以他對北方來的侵略者自然心存排斥，所
以他謝絕秦王楊俊的邀請。

　　而秦王楊俊卻對他一請再請，使他為難萬分。不意此時
適逢叛賊楊棱在潯陽作亂，秦王的使者逃回漢口，智顗赴漢
口之事也就不了了之，楊棱之亂未幾也為楊素所平定。智顗
雖然擱置了漢口之行，但也使隋室朝廷對他頗不放心。開皇
十年（五九○年），文帝楊堅給智顗一道敕書，聲稱：「比以
有陳，虐亂殘暴，東南百姓，勞役不勝其苦。故命將出師，
為民除害。吳越之地，今得廓清，道俗又安，深稱朕意。……
師既已離開世網，修己化人，必希獎進僧伍，固守禁戒，使
見者欽服，聞者生善，方副大道之心，是為出家之業。若身

從道服，心染俗塵，非直含生之類無所歸依，仰恐妙法之門更來謗瀆。宜相勸勵，以同朕心。」

其實，這道敕書，明顯的就是一封警告信，皇帝要他思想上忘掉陳朝的包袱，與朝廷合作。智顗雖對隋朝心存反感，但並無反隋之心，他只不過是不願捲入統治集團的權力鬥爭而已。因為南北朝時代，篡弒頻仍，興替無常；而每一代王朝，皇室之間，為了爭取皇位，兄弟相殘，骨肉成仇。目前的隋文帝子嗣眾多（文帝五子，皆開府掌兵），各成勢力，他不願介入皇室的鬥爭，所以和朝廷保持距離。

雖然他志在山林，無奈事與願違，他的名氣太大了，使他受了盛名之累。開皇十一年（五九一年），隋文帝次子，時任揚州總管的晉王楊廣，「致書累請」，請他到揚州弘法傳戒。智顗三度辭謝，他最初推稱自己德不足，其次推讓有名的僧侶應召，最後舉薦同學以自代，終至在不得已的情況下，有條件的到了揚州。所謂條件，是他向晉王提出了四項要求，一者要求「勿以禪法見欺（欺同期）」。原來智顗之成為江南佛教領袖，實是與他的禪定功深有關。晉王相請，可能對此有所期待，他先行聲明：「雖好學禪、行不稱法」，先關上大門拒談禪法，其實是不願在揚州多事停留而已。二者要求「恐樸直忤人，願不責其規矩」。所謂規矩，自然是朝廷的禮儀。這是說，他不希望以朝廷禮儀來約束他。三者要求「願其為法勿嫌輕動」。這是說，講經弘法要由他自己的意願，不受勉強。四者聲明「若丘壑念起，願放其飲啄，以卒殘年」。這是

說他一旦思鄉，容他自由離開。

那時的晉王楊廣，因有奪嫡爭位（太子之位）之心，所以竭力矯飾，裝出一付禮賢下士的樣子，答應了智顗的要求，他乃帶著四十多名弟子來到揚州。晉王在金城殿設下千僧會，請智顗為他授菩薩戒，智顗授戒之後，授晉王法名「總持」菩薩。晉王也回贈智顗以「智者大師」的稱號，並賜以大量衣物。智顗在揚州，雖然受到晉王楊廣的隆重接待，但他除了主持授戒法會外，既不說法講經，也沒有其他佛事活動。他倒是遊山玩水，長江泛舸。停留了一段時間後，要求回荊州，楊廣一再挽留，他以先前「四願」為理由，指出「先行明約，事無兩違」，乃至於「拂衣而起」，使楊廣「不敢重邀，合掌尋送至城」，其倔強不化的神色躍然紙上。

智顗於開皇十二年（五九二年）離開揚州，回到他的故鄉荊州。他為報答出生地鄉梓之恩，在家鄉當陽縣玉泉山建立寺廟，文帝賜名「玉泉寺」。他在玉泉寺積極展開弘法活動，此後兩年，他在玉泉寺重新講述《法華玄義》和《摩訶止觀》。對天台三大部再加檢校，完成了天台宗的哲學理論體系。他自述荊州的法會，聽眾一千餘僧，學禪的三百人。

開皇十五年，晉王楊廣再度要他去揚州。在手書中要求他「率先名教，永泛法流，兼用治國」。這是明白告訴他，弘揚佛法要為國用。在另一封信中，更明白指出他心向陳朝，蔑視朝廷。信中說他當年於建康大開法筵，現在於荊州聚眾講學，聽者都是舊學名僧，而獨不與朝廷配合。在楊廣嚴厲

的指責和敦促下，智顗不得已再度來到揚州。他在揚州撰寫
《淨名經疏》，半年之後，辭歸天台山，重整寺院，修習禪觀。

　　回山之年，智顗已經五十八歲了。此後兩年，他在天台
山抱病為弟子們口授《觀心論》。會稽嘉祥寺沙門吉藏，致書
請他到嘉祥寺講《法華經》，他亦因病未能成行。智顗十分厭
惡在受人猜疑及為人監視下過生活，他很希望此後優遊泉林，
在天台終老。無奈在政治的壓力下由不得他，開皇十七年（五
九七年）十月，楊廣再遣使入山迎請，甚至「限期出山」。他
迫不得已，十一月抱病出山，行到天台西門的石城寺，病情
增重，在石城寺示寂，得壽僅六十歲。智顗入寂後，楊廣派
人依其所遺圖畫，於天台山建寺。後來楊廣即位為帝，賜名
為「國清寺」。智顗生前造寺三十六所，度僧無數，傳業弟子
三十二人，其中著名者有灌頂、智越、智璪等。他著述等身，
遺著計有三十五部，大部分為弟子灌頂記錄而成。

四、一心三觀、三諦圓諦

　　由智顗所建立的天台宗理論體系，可分作兩方面介紹。
其一是「教」，其二是「觀」。所謂「教」，是建立「五時八教」
的判教說；所謂「觀」，則是一念三千的「性具實相」說。性
具是指本覺之性，具足菩薩界以下九界的惡法及佛界的善法，
即總具十界的三千善惡諸法。諸法並非由本體隨緣生起，而

是本體本來就具足的、本來就包含在本體之中的，因此，諸法當體就是實相自身。這和傳統的緣起說是有所區別的。智顗是用本體具足的本體論，和三諦圓融的認識論，來支持此實相論學說。天台宗的宗義，可自三諦圓融、一念三千、一心三觀、六即等科目加以說明。

　　一、三諦圓融：此又稱圓融三觀。所謂「觀」，就是「止觀」。止觀的「止」，梵音「奢摩他」，意為止寂、等觀，為禪定之另一稱謂。即止息一切想念與思慮，而心歸於專注一境之狀態。止觀的「觀」，梵音「毘婆舍那」，意為智慧。僧肇在《維摩詰經注》中解釋說：「繫心于緣謂之止，分別深達謂之觀。」意思是說，「止」是使所觀察的對象「住心於內」，不分散注意力；「觀」是在「止」的基礎上，集中觀察和思維於預定的對象上，得出正確的觀點或智慧。這是天台宗的修持方法，也稱之為「止觀法門」。智顗的三諦圓融說，主要在說明即空、即假、即中的統一精神。三諦是空諦、假諦、中諦，亦稱為真諦、俗諦、中諦，天台教觀，即以說此三諦之圓融為本旨。

　　宇宙萬有，包羅萬象，星羅棋布，繁雜萬端。物質世界如山河大地，房舍器物；有情世界如人馬牛羊，飛潛蟲蟻；以至於生命世界的松柏長青，桃李爭妍，構成我人心識中的花花世界。惟這世界上的一切，皆是因緣和合所生起的現象，而沒有其本質。皆隨著因緣的改變而有成住壞空、生老病死、以至於生住異滅。所以因緣和合所生千差萬別的現象只是一

時的假有，故《中觀論》的三是偈曰：「因緣所生法，我說即是空」此即謂之空諦。因緣所生的世間萬法，以其無永恆不變的本質——自性，故稱為「自性空」。然而當其在因緣和合期間，生起存在，有相有用，且立以假名，因此始有山河大地，房舍器物，牛馬鳥魚，樹木花草，此稱之為假名有。惟此萬有仍屬因緣和合、無本質、無自性的假有，而不是實有，故〈中論偈〉稱之為「亦是為假名」，此即謂之假諦。

宇宙萬法，自俗諦的立場來看，一切法是「假名有」。自真諦的立場來看，一切法是「自性空」。惟佛陀說法，立真俗二諦，原為引導眾生趨向中道，執空執有，全是一偏之見，故而《中觀論》三是偈全文：「因緣所生法，我說即是空。亦是為假名，亦是中道義。」中道即是中諦，但並不是在空、假兩諦之外另有一個中諦，也不是折中於空、假二者之間就是中諦，而是空諦的本身就是假諦和中諦；假諦的本身也就是空諦和中諦；而中諦的本身也就是空諦和假諦，故三諦一一皆圓融相即。所謂空，不離假中；所謂假，不離空中；而所謂中，亦不離空假，如此則三諦互具互融，空諦即假即中，假諦即空即中，中諦即空即假。即三各具三，三三相即，三諦即一諦、一諦即三諦，故謂之「三諦圓融」。

二、一念三千：所謂一念三千，是一念心具三千諸法的意思。天台宗將有情世間，分為六凡四聖的「十法界」。六凡是天、人、阿修羅、地獄、餓鬼、畜生；四聖是聲聞、緣覺、菩薩和佛。這「十法界」，各具有「十如是」——即如是相、

如是性、如是體、如是力、如是作、如是因、如是緣、如是果、如是報、如是本末究竟。再者，世間有三，即五蘊世間、有情世間、器世間。有情世間的六凡四聖十法界，各具這三種世間，即三十法界。又六凡四聖，並非固定不移。六凡可以向上到達於佛的地位，而佛也可以現身於六凡之中。這樣十法界互相具備，就足三百法界。三百法界又各具十如是，就具有三千法界。而三千一詞，並不是指一種數量或實體的無限，而是採諸法互相融攝，和整個宇宙的究竟。故所謂六凡四聖，乃至於三千法界，整個宇宙，在本宗來說，都不過是「介爾一念心」的產物。沒有這「介爾一念心」，就沒有了這客觀的世界。這就是本宗「一念三千」的理論。

三、一心三觀：一心三觀，是在自己內界的心識上，觀念修習三千三諦的妙理。宇宙萬法，皆三千三諦。三千三諦，皆自性所具，故色、心、因、果，總皆是一種三千；心、佛、眾生，三無差別，同圓具三千諸法。《天台觀經疏》曰：「一心三觀者，此出釋論，論云，三智實在一心中，得祇一觀而三觀，觀於一諦而三諦，故名一心三觀。類如一心而有生住滅，如此三相，在一心中，此觀成時，證一心三智。」又，《摩訶止觀》曰：「一空一切空，無假中而不空，總空觀也。一假一切假，無空中而不假，總假觀也。一中一切中，無空假而不中，總中觀也。即《中論》所說不可思議一心三觀。」

概略言之，本宗依《中觀論》三是偈，而立空、假、中三觀，為本宗宗義與觀行根本。空觀者、順於真諦，假觀者、

順於俗諦，中觀者、順於第一義諦。此三觀，從假入空、從空入假、從空假入於中道。此謂之次第三觀。又一空一切空，假中皆空；一假一切假，空中皆假；一中一切中，空假皆中，此謂之通相三觀。又於一念心中，三觀具足，圓滿互具，融通無礙，這就是天台宗的一心三觀。

四、六即：六即是自凡夫至佛的六種階位，有理即、名字即、觀行即、相似即、分證即、究竟即。一者理即，一切眾生皆有佛性，有佛無佛，性相常住，然理雖即是，日用不知，以未聞三諦，全不識佛法。二者名字即，或從善知識，或從經卷，聞見三諦圓融之妙理，於名字中通達了解，知一切法皆是佛法。所謂名字，即是名詞概念。三者觀行即，既知名字，即起觀行，心觀明瞭，理慧相應，所行如所言，所言如所行。四者相似即，觀慧稍進，於三諦之妙境發相似解；觀慧轉明，登初住位，如將至火，先覺暖氣。五者分證即，觀慧倍增，初破一分無明惑，見佛性理，其後分破四十一品無明，入於薩婆若（一切智）海。六者究竟即，斷第四十二品無明，發究竟圓滿之覺智。

本宗更以五時八教判釋佛陀一代聖教。五時者，是將佛陀五十年間，應眾生的根機，應病與藥所說的教法，分為華嚴時、鹿苑時、方等時、般若時、法華涅槃時；八教分化儀四教、化法四教。化儀者，佛教化眾生所用之法有頓、漸、祕密、不定等四種；化法者，佛教化眾生之教法內容有藏、通、別、圓等四種。

八、攝論宗的開創者真諦大師

真諦自扶南國來到中國，
時機不當，過了十多年播遷轉徙的生活，
這對他譯經生涯大有影響。
他希望有一個安定的環境，
讓他把帶來的梵本經典多翻譯出一些，
但到他發覺這是一項奢望……

一、萬里來華，不逢其時

在佛教的佛經翻譯史上，有「四大譯經家」之稱。此有二說：一者以鳩摩羅什、真諦、玄奘、義淨為四大譯經家；二者以鳩摩羅什、真諦、玄奘、不空為四大譯經家。若以譯經的數量作為取捨標準，則玄奘大師譯經七十五部，一千三百三十五卷，占我國譯經總數四分之一強，居第一；鳩摩羅什譯經三十五部，三百餘卷，居第二；真諦三藏譯經六十四部，二百七十八卷，居第三；義淨譯經五十六部，二百三十卷，居第四；不空譯經八十三部，一百二十餘卷，居第五，以此來看，二說之中，以前說為是。

再者，此中還有分別之處，五人之中，鳩摩羅什、玄奘、不空、義淨四個人，來華或回國之後，都得到帝王的支持，在安定的環境中大開譯場，所以在譯事上有可觀的成就；而真諦三藏則不然，他來華之時，正值亂世，他是在展轉流離之中，隨其所止，執筆翻譯，有時甚至於只是他一個人翻譯，連一個助手都沒有。他能有如此的譯經成果，就更值得我們讚歎了。要知道他譯經的經過，且從他自印度來華說起。

真諦梵名波羅末陀，三藏是對精通經律論法師的尊稱，例如我國的玄奘大師，習慣上就被稱為玄奘三藏。真諦是西印度優禪尼國人，婆羅門種姓。他少年時代就廣訪名師，通

達佛教經典及世間五明之學。五明，指的是語言文字之學的
聲明，工藝技術之學的工巧明，醫療方劑之學的醫方明，論
理邏輯之學的因明，以及宗教經典的內明。在內明方面，他
尤其通達大乘佛教理論。他在國內很有名氣，因志在弘道，
所以遊歷過很多國家。中年時代，他南下泛海到了扶南國（今
柬埔寨）。

　　梁武帝大同年間（五三五至五四五年），武帝派遣使者張
氾等，送扶南國進貢的人員回國，同時去訪求高僧及大乘經
典。扶南國主乃與真諦相商，請他攜梵本經典去中國。真諦
欣然同意，帶著梵本經典二百四十篋，於梁武帝中大同元年
（五四六年）的閏八月，到達了南海郡（今廣東省南部）。他
由南海北上，沿途停留，在途中走了兩年，到太清二年（五
四八年）八月才到達建康（今南京）。真諦出生於西元四九九
年 —— 中國南齊東昏侯永元元年。所以他到建康之年，正是
他五十歲的時候。

　　到了梁都建康，他受到梁武帝熱烈的歡迎，武帝請他住
在寶雲殿，進一步將請他翻譯經典 —— 翻譯他所帶來的二百
四十篋梵本經典。可惜他來的不是時候，很不幸的，就在他
到達建康不久之後，「侯景之亂」爆發了。於此，我們要先介
紹一下梁武帝這個人。

　　人所共知，梁武帝是我國歷史上最崇信佛教的君王，他
不只是信佛，甚至於到了「佞佛」的程度。他姓蕭名衍，字
叔達，南朝蘭陵（江蘇武進）人，原為南齊時代的雍州刺史，

以齊主殘忍無道，殺了其兄蕭懿，蕭衍乃起兵陷建康，別立和帝；繼而於和帝中興二年（五〇二年）簒位自立，改國號為梁，改元天監元年。他在位期間，早期整修文教，國勢日盛。他篤信佛教，有「皇帝菩薩」之稱。天監三年宣布佛教為國教，十八年從鐘山草堂寺慧約受菩薩戒；當時名僧如法寵、僧遷、僧旻、法雲等，皆受到他的禮敬。後來建康有佛寺五百餘所，僧尼十餘萬人。他自己也精研佛教教理，嚴持戒律，曾親自執卷講《涅槃經》、《般若經》等大乘經典，還著有《涅槃經義記》、《淨名經義記》等數百卷。大通元年（五二七年），他所興建的同泰寺落成，後來他四次捨身同泰寺，皆由群臣以億萬金錢贖回。

　　捨身有兩種，一種是捨棄身命，以及捨身供養佛，或布施身肉予眾生，如《法華經》的藥王菩薩燒身供養；《金光明經》的薩埵王子捨身飼虎等，這是最上乘的布施行為。甚至於本文傳主真諦，也有過捐捨身命的舉動，同是屬於這一種；另一種是設下齋會儀式，聲明捨身入佛寺為僕役，再等人用錢贖回去。梁武帝一生四次捨身同泰寺，皆由群臣以億萬金錢贖回，實際上是帝王為其私寺聚斂贖金的行為。南北朝時代，官員俸祿極為微薄，此舉無異於鼓勵官員貪汙。

　　在真諦抵達建康的前一年，東魏大將侯景，以河南之地投降梁朝。本來梁和東魏和好，邊境無事，梁武帝貪圖河南土地，接納了侯景的投降，封之為河南王，並且出兵北攻魏境的彭城（今徐州市）。梁軍在彭城打了敗仗，梁武帝又想把

侯景送還東魏以求和，事為侯景所知，就舉兵反梁，率軍攻入建康，圍困武帝於臺城——建康城內的皇城。這是真諦剛到建康後不久的事。很可能的，真諦也陪著梁武帝被困於臺城內。侯景攻臺城不下，就立武帝之侄蕭正德為傀儡皇帝，侯景自為丞相。

接著過了寒冬，到了太清三年（五四九年），侯景猛攻臺城，終於攻克，他殺了傀儡皇帝蕭正德，自為大丞相總攝朝政。梁武帝為侯景所制，憂憤成疾，到這年五月，在臺城困餓而死。他做了四十八年皇帝，死年八十六歲。

梁武帝駕崩了，真諦也失去了唯一支持他的東道主。他來華的目的是翻譯經典，如今眼看在建康沒有這種可能，他想起了一位有一面之緣的佛教居士，也許可以幫助他。於是他離開戰後的建康，一路東行，於梁簡文帝大寶元年（五五〇年），到達了富春——今浙江省富陽縣。

二、顛沛流離十四年

世間芸芸眾生，生命過程中窮達順逆的遭遇，有幸與不幸的差別。而幸與不幸皆由因緣決定，而不能自主。若以佛教理論來說，因緣就是業力——由業因的潛在力量，會影響一個人的命運。但是，佛教不是宿命論者，佛教雖然承認業力，而更肯定個人的意志。意志堅強、願力深宏的人，可以

衝破業力之網，以「人定勝天」的精神，獲得相當的成就。真諦來華後的經歷是屬於不幸的一類，但是他以堅強的意志、深宏的悲願，突破業力之網，在譯經事業創造出輝煌的成就，這就是意志戰勝宿命的證明。

真諦由建康到了（浙江的）富春縣，他去拜訪富春縣令陸元哲。陸元哲是佛教徒，在真諦初到建康的時候，他和真諦見過面，而真諦也對陸元哲留下了深刻的印象。這時陸元哲十分恭敬的接見了真諦，真諦開門見山的說出他的目的。他希望請陸元哲做他的大檀越（施主），支持他在富春翻譯佛經。

陸元哲初聞之下頗為猶豫，他不是吝惜於金錢的施捨，而是不了解當時大丞相侯景的意向。不過他最後終於答應了，他請真諦住在他的私宅中，並以住宅為譯場，供真諦譯經。陸元哲還召集到寶瓊等二十多名沙門，作為真諦譯經的助手。是年十月開始，真諦與寶瓊等開始翻譯《十七地論》和《中論》。

譯經工作進行了一年多，事為侯景所悉。侯景派人請真諦回建康，真諦不敢有違，他於簡文帝大寶三年（五五二年）回到建康，住在臺城，接受侯景的供養。這時侯景急欲自己稱帝，他廢殺簡文帝，立武帝的曾孫蕭棟為帝，不久又廢了蕭棟，自立為帝，改國號為漢。繼而王僧辨、陳霸先等起兵討伐侯景，侯景兵敗欲東逃入海，途中為亂兵所殺，侯景之亂乃告平定。這時梁元帝蕭繹在江陵即位，改元承聖。真諦

在建康，等社會秩序恢復之後，他遷到正觀寺，並且請到了
願禪師等二十多位僧侶，組織譯場，開始翻譯《金光明經》。

　　承聖三年（五五四年）以後的數年，真諦仍以時局動亂
的關係，到過豫章（今江西省南昌市），住在寶田寺；到過新
吳（江西省奉新縣），住在美業寺。他在新吳遇到了梁朝的太
保蕭勃，隨著蕭勃到了廣東，住在始興（廣東曲江縣）的建
興寺，後來還依附蕭勃到了南康（江西贛州）。在這一段極不
安定的生活中，他不再奢望組織譯場了，他一個人隨時隨地，
隨緣翻譯，《續高僧傳》本傳上說他：「並隨方翻譯，栖遑靡
託」。

　　這數年之間，又是南朝改朝換代的時期，承聖三年，梁
元帝被殺，皇帝換了梁敬帝。敬帝太平二年（五五七年），權
臣陳霸先廢了敬帝而自立，改國號為陳，改元永定，是為陳
武帝。陳武帝永定二年（五五八年），真諦再到豫章，住在栖
隱寺；又轉往晉安（今福建晉江），住在佛力寺，這時他年紀
已經六十歲了，但他不因年老而懈怠，雖然轉徙各地，但仍
然隨時翻譯、講經，未嘗中輟。在晉安有一段安定的時間，
他與前梁的法侶僧宗、法準、法忍等，重新核定以往數年間
所翻譯的經典。

　　陳文帝天嘉二年（五六一年），真諦由晉安搭小船到了梁
安郡（今廣東省惠陽縣一帶），住在建造寺，翻譯出《佛說解
節經》。到天嘉三年（五六二年）譯事告一段落後，他有了回
國的念頭。他於梁武帝太清二年（五四八年）到達建康，迄

今十有五年，其間過了十四年的漂泊流浪生活。此時他倦怠了，他決定泛海西行，回歸到自己的祖國。

三、業風賦命，飄還廣州

真諦自扶南國來到中國，時機不當，過了十多年播遷轉徙的生活，這對他譯經生涯大有影響。他希望有一個安定的環境，讓他把帶來的梵本經典多翻譯出--些，但到他發覺這是一項奢望，幾乎不可能實現的時候，他灰心了，他動了「不如歸去」之想，想泛海回歸到故國。

天嘉三年（五六二年）九月，他自梁安搭上了西行商船，航海西歸。不知道航行了多少海程，海上忽然起了風暴——也許就是現在所稱的颱風吧！風向對東北吹，竟把真諦所乘的海舶吹到廣州。《續高僧傳》本傳上說是：「業風賦命，飄還廣州，十二月中，上南海岸」。這真是一場業風，隆冬臘月，海上如何會有颱風呢？也許，他譯經的使命還沒有完成，上天要他繼續留下來吧！不過，他在廣州登陸之後，倒真是時來運轉，在廣州刺史歐陽頠的支持下，使他晚年有了一段安定的生活。他重開譯場，譯出了他生命史上最重要兩部論典——《攝大乘論》和《俱舍論》。

真諦在廣州登岸之後，廣州刺史歐陽頠，迎請他住在制旨寺，請他傳授菩薩戒。之後並請他在制旨寺組織譯場，繼

續翻譯經典。自此以後，他度過了一段較為安定的生活，他的抱負和弘願也有所申張。他組織了一個小規模的譯場，也有了一批助手；當然，若要與鳩摩羅什和玄奘三藏的譯場相比，仍然有天壤之別。但是，他畢竟不再一個人譯經了。各地的學僧也聞風來投，他有了譯經的助手，也有了一批繼承志業的學生。此後數年間，他先後譯出《攝大乘論》、《大乘唯識論》（即《唯識二十論》），和《阿毘達摩俱舍釋論》。他不只是譯，在譯的同時也加以講解——不止一次的加以講解。

　　陳文帝天康元年（五六六年），他應弟子慧愷、僧忍之請，於顯明寺重予檢校《俱舍論》譯文，再一次闡講論義。翌年是陳廢帝光大元年（五六七年），把《俱舍論》譯文檢校完畢，又應僧宗、法準等道侶之請，重講《攝大乘論》。光大二年（五六八年），在制旨寺應弟子法泰之請，譯講《律二十二明了論》。同時，他最得力的弟子慧愷，在智慧寺代他為僧宗、道尼、智敫等同門二十餘人，及其他學者七十餘人，開講《俱舍論》。

　　是年六月間，真諦忽然有了厭世的念頭，他一個人到南海的北山之上，要捐捨身命，以挽救世難。事為他的弟子慧愷所知，追去挽留，這一來驚動了道俗大眾，連刺史歐陽頠也趕來勸阻，纔把他請回去。為了改變一下他的生活環境，請他遷居到王園寺。真諦為什麼要厭世捨身呢？原來他的弟子僧宗、法準等，希望他移往國都建康去譯經弘道，以擴大影響。他們瞞著真諦，託人在建康活動。受託的人向陳文帝建議，請求皇帝頒發詔書，宣召真諦入京。但建康方面的一

些有名僧侶，怕真諦到了建康奪去他們的光彩，因之向文帝
進讒，說真諦所譯的經典無甚價值，且與本朝國策不合。因
此宣召真諦入京之議就打消了。可是消息傳回廣州，卻被真
諦知道了。真諦來到中國二十年，顛沛流離，吃盡千辛萬苦，
他都可以不計較，但是有人否定他譯出經典的價值，他不能
忍受。同時，他來華時攜帶兩百四十篋梵文經典，其中《華
嚴經》、《涅槃經》、《金光明經》存在建康，其餘的都運到廣
州制旨寺，他雖然在轉徙流離中不停的翻譯，但譯出的只是
一小部分。到晚年生活安定下來，譯事得以正常進行，但距
他的理想尚遠，而且時不我予，進入風燭殘年，基於以上二
點，才有厭世捨身的舉動。待他為眾人所救，捨身未成，也
只有隨順世緣的活下去了。

　　這時他的大弟子慧愷，在智慧寺代他講《俱舍論》，講未
及一半忽然病逝，這使真諦十分傷心。慧愷俗姓曹，籍貫不
詳，初住建康阿育王寺，在梁代早已知名，後來與法泰先後
至廣州，陳天嘉四年（五六三年），於廣州制旨寺禮真諦為師，
請真諦翻譯《攝大乘論》及《釋論》，自任筆受，未久又助譯
《俱舍論》，並作兩論注疏，以此深為真諦所器重，此後真諦
譯《律二十二明了論》時，慧愷亦任筆受。他於陳廢帝光大
二年（五六八年）逝世，世壽五十一歲，著有《攝大乘論疏》
八卷、《俱舍論疏》五十三卷。

　　慧愷逝世，真諦惟恐《攝大乘論》和《俱舍論》從此無
人弘傳，他特別邀集弟子道尼、法泰、僧宗、慧曠、曹毘、

智傲等十二人，勉勵他們誓弘二論，勿令斷絕。他並親到智慧寺，接著慧愷講的《俱舍論》往下講。講到第五〈惑品〉，亦因病而中止。這時已是寒冬，到新春正月病體加重，於宣帝太建元年（五六九年）正月十一日入寂，得年七十一歲。

四、真諦譯經的成果

真諦自梁武帝末年到達建康，以後迭遭戰亂，遷徙無定，只於晚年在廣州有數年安定的生活。在他來到中國的二十三年中，斷斷續續的翻譯經典，據《續高僧傳》所載，共譯出經論六十四部，二百七十八卷；而《歷代三寶紀》則記載為四十八部，二百三十二卷。《續高僧傳》上說，他來華時攜帶梵本二百四十篋，所譯出的只是一小部分，如果全部譯出來，可得經兩萬餘卷，這就是真諦時有大願未申的遺憾。

真諦所譯的經典，現存者有二十六部，八十七卷。他所翻譯的，主要是印度大乘佛教瑜伽行派，無著、世親等人的作品。像《決定藏論》、《轉識論》、《大乘唯識論》、《攝大乘論》、《攝大乘論釋》、《俱舍論》、《中邊分別論》、《佛性論》、《三無性論》、《無想思塵論》等。此外還有《金剛般若波羅蜜經》、《佛說無上依經》、《佛說解節經》等大乘經典。以及《婆藪槃豆傳》（即《世親傳》）等。另有《遺教經論》和《大乘起信論》二書，也標為真諦所譯，後世學者多認為是偽托

之作。

　　在以上的經論中，其影響最大，也為他個人所重視的，則為《攝大乘論》和《俱舍論》兩部論典。前者是無著的作品，這是大乘唯識學的奠基之作；後者是世親的作品，這是印度阿毘達摩學說總結性的論著。關於《攝大乘論》一書，經他的弟子廣為弘傳，成為我國十三宗之一的攝論宗。而他譯出的《阿毘達摩俱舍釋論》，又別作注疏十六卷，經他的弟子慧愷、慧淨、道岳等相繼製疏敷揚，形成了我國的俱舍宗。（後來玄奘重譯《俱舍論》，世稱《新俱舍》，即俱舍宗所依的今本。）

　　參加真諦譯場的人，最初有沙門寶瓊、了願禪師等人，後來有沙門慧寶、居士蕭桀等人。六十歲以後在廣州制旨寺時，有身邊的一批弟子協助他，擔任過筆受的有慧愷、僧宗、法虔、法泰等人。而後來弘揚他的攝論、俱舍之學的，也得力於這一批弟子，弟子中慧愷早逝，越年真諦亦卒，故弘傳攝論的，是曹毘、法泰、僧宗、道尼、法準、慧曠等人。但最早把《攝論》傳到長安的，並不是真諦的弟子，而是博陵饒陽（位於河北）人曇遷。曇遷早年在定州賈和寺依曇靜出家。後來北周武帝滅佛，曇遷南奔建康，在桂州刺史蔣君宅中獲得《攝大乘論》抄本，從此用心鑽研。隋朝初年在彭城慕聖寺講《攝大乘論》，自此攝論傳到北方。曇遷於開皇七年，奉朝旨到長安，住在大興善寺，弘揚攝論，受業者有上千人，其中以淨業、道哲、靜琳、玄琬、道英、明馭、靜凝等最為

傑出。

隋開皇十年(五九○年),真諦的弟子道尼奉朝旨到長安。住在大興善寺,與曇遷等努力弘揚《攝大乘論》,使真諦之學大行於京師。他這一系傳承,有道岳、智光、慧休等人。曇遷、道尼這兩系,於再傳之後,逐漸衰微,及至到玄奘、窺基一系的法相唯識宗興起,攝論學派就歸併入唯識了。

五、攝論、地論及唯識三系的差異

《攝大乘論》這部論典,是印度無著論師的著作。無著是印度瑜伽行學派的開創者,《攝論》當然是瑜伽行學派重要論典。本論的重點,在於解釋《大乘阿毘達摩經》的攝大乘品,以瑜伽行學派的觀點,闡述大乘教義。由於其內容賅攝大乘佛教一切法門的要義,所以稱為《攝大乘論》。真諦譯出此論以後,陳、隋兩代,研究的僧侶很多,後人稱這些人為攝論師,也稱之為攝論宗。而攝論宗與北魏的地論宗,同為唐代興起的唯識宗的先驅。

原來地論、攝論、唯識三個宗派,都是繼承印度瑜伽行學派的理論。但以師承及所依論典的不同,所以三系的理論也不相同。《攝大乘論》立十種勝相,以阿梨耶識為諸法的依止;又說明一切法的相性為遍計所執性、依他起性、圓成實性等三性,由此而入唯識觀,修六波羅蜜;又於歡喜地等以

次十地，修戒、定、慧三學，以證得無住大涅槃之果，得無分別智，顯現三身。但是真諦在八識之外，別依《楞伽經》、《決定藏論》等經論而倡立第九識，即於八識之外，另立阿摩羅識為第九識；第八阿梨耶識為有漏隨眠識，第九阿摩羅識則為真常清淨識，這就與地論、唯識二宗大有差異了。

地論、攝論、唯識三系理論上的差異，主要在關於真如的部分，地論系以第八識為自性清淨識，即是為真如，是為受薰體。攝論系以第八識為有漏，以自性清淨心為真如，立為第九阿摩羅識，為受薰體。而玄奘一系的唯識宗以諸法所依的二空（人空、法空）所顯的真理為真如，非受薰體。

關於阿賴耶識的部分，地論系以阿賴耶識與法界、真如同義，自性清淨，而可產生世間虛妄境界及出世間涅槃境界；攝論系以阿賴耶識是妄識，無覆無記，為一切法之所依；而此妄識中又有一部分純淨之識，略同於真妄和合之說，此識的染分相當於俗諦，淨分相當於第一義諦。玄奘一系的唯識宗，以阿賴耶識是妄識，無覆無記，為一切有為法之所依，亦為前七識之所薰習。

在緣起的理論上，地論系和攝論系都是如來藏緣起，而唯識宗則是賴耶緣起。

九、建立三論宗的吉藏大師

吉藏幼年名安蒨，他見到真諦的時候，
言語清晰，應對有禮，
真諦很喜歡他，問他心中的意願，
為他起了安吉藏的名字，
安吉藏，是安樂吉祥的意思，
他後來就以此名行世。

一、祖籍安息，出生金陵的安吉藏

南朝陳後主禎明三年（五八九年），建都長安的隋文帝楊堅，發兵滅陳，統一全國，結束了為時一百六十餘年的南北對峙。而中國佛教也由此進入最為昌隆燦爛時代。在此後的三十年間，中國出現了兩個新興的大乘宗派，一個是具有中國文化色彩的天台宗，一個是繼承印度中觀學派學統的三論宗。天台宗是智顗大師所創立的，三論宗是祖籍安息國的安吉藏所完成的。

吉藏姓安，祖籍是西域的安息國。在漢、魏、兩晉以至南北朝時代，西域人來到中國，有了中國名字之後，往往以國為姓加在名字上。像漢末、三國時代來華的譯經師中，安世高、安玄等都是安息國人；支曜、支謙等都是大月氏人；康孟詳、康僧鎧等都是康居國人；而竺佛朔、竺大力等都是天竺國人。所以吉藏姓安，也是以國為姓的安息國人。

吉藏的先世，因避仇由安息遷到康居國，再由康居國遷徙南海，住在交、廣（今越南、廣西）一帶，到他父親一代又遷居金陵，而吉藏是在金陵出生的，因此也可以說他是金陵人。吉藏出生於梁武帝太清三年（五四九年）。這一年是真諦三藏來到中國的第二年，也是梁朝叛將侯景圍困金陵，把梁武帝困於臺城的一年。吉藏的祖、父輩，都是虔誠的佛教

徒，在吉藏四歲那一年，他父親帶他到金陵正觀寺去見真諦
三藏。吉藏幼年名安貰，他見到真諦的時候，言語清晰，應
對有禮，真諦很喜歡他，問他心中的意願，並為他起了安吉
藏的名字。安吉藏，是安樂吉祥的意思，他後來就以此名行
世。

　　梁敬帝承聖三年（五五四年），吉藏的父親在金陵興皇寺
出家，法名道諒。道諒中年出家，精勤修學，他以乞食、聽
法、禮佛、讀經為常業，不曾少懈。他住在興皇寺，把六歲
的吉藏也帶到寺中。吉藏在寺中隨著大眾聽法朗法師講經，
他天生夙慧，不僅聽得懂經典的義理，也很認真的學習佛門
儀軌，得到寺中大眾交口讚譽。第二年吉藏七歲，即從法朗
法師出家，學習經論。

　　吉藏十四歲的時候，從法朗學習三論——《中論》、《百
論》、《十二門論》。《續高僧傳》本傳上稱他：「凡所諮稟，妙
達指歸」，那是說他凡有發問，都能抓到要點。十九歲時，法
朗法師講經，常由吉藏為大眾複述。二十一歲受了具足戒，
取得比丘的身分後，學解更行精進，聲響也日漸增高。這時
是陳朝廢帝光大年間，皇族桂陽王陳伯謀，欽慕吉藏的學問，
對他特加尊敬。

　　吉藏七歲住入興皇寺，依法朗受學凡二十六年之久，在
陳宣帝太建十三年（五八一年），法朗法師逝世，得年七十四
歲。在法朗法師逝世之前，曾為吉藏解說三論宗的傳承，要
吉藏繼承三論宗的法統，而予以發揚光大。也就在這同一年

間，北周丞相楊堅篡周自立，建立了大隋王朝，是為隋文帝。
到文帝開皇九年，下詔伐陳，隋朝大將韓擒虎大軍進入金陵，
俘虜了陳後主，陳朝滅亡。

　　在隋軍進入金陵，社會秩序極為混亂的時候，吉藏和幾
位同學前往僧侶逃走的空寺院中，搜集被棄置的經典文疏，
搬回興皇寺。到亂事過後，他把經典文疏加以整理，以此有
機會涉獵到各種典籍，後來他的著述中注引賅博，就是得力
於這一批資料。

二、由龍樹至吉藏 —— 三論宗的學統

　　三論宗，是繼承印度中觀學派而成立的宗派。印度的大
乘佛教，興起於西元世紀開始前後。一代大哲龍樹，住世年
代約在西元一五〇至二五〇年之間，他出身於南印度的婆羅
門種姓，自幼受婆羅門傳統教育，後來皈依佛教。當時南印
度已有大乘經典流行，他讀之不以為足，傳說他遊行北印度
時，自雪山地區一個老比丘處得到一部分大乘經典，又在大
龍族聚居之地得到一部分大乘經典，這樣就更充實了他的大
乘理論。他回到南印度，把當時流行的般若思想和緣起理論
組織起來，完成了「緣起性空」的空宗哲學體系。

　　原來龍樹住世時代，印度思想界的潮流，一方面是外道
執於諸法實有、或常或斷的思想，一方面是小乘有部的「我

空法有」，及「法體恆有、三世實有」思想。龍樹為破邪顯正，
依據佛陀的根本思想緣起理論，及當時流行的般若思想，廣
造論典，破斥邪說，以顯正義。他的著作很多，古來有千部
論主之稱，但最重要的則為《中論》、《十二門論》、《大智度
論》等論典。繼承龍樹學說的，是他的弟子提婆。提婆所著
的《百論》，與龍樹的《中論》及《十二門論》，合稱三論。
這就是後來我國三論宗所依的論典。而龍樹、提婆這一系的
理論，在印度被稱為「中觀學派」，亦稱「空宗」。

龍樹、提婆以後，中觀學者分為兩支，一支是提婆傳之
羅睺羅，羅睺羅曾造《中論》注釋，今已佚傳。羅睺羅傳之
青目，青目著有《中觀論釋》，今日流傳的《中論》，頌文為
龍樹菩薩所造，長行（頌後的注解）即為青目所造。青目傳
之龜茲莎車王子須利耶蘇摩，須利耶蘇摩傳之鳩摩羅什。龍
樹的另一位弟子龍智，與提婆並肩弘化，後來龍智一系的著
名論師，有佛護、清辯、月稱、智光等。

東晉末年，鳩摩羅什來到中國，在後秦主姚興的支持下，
於長安逍遙園譯經。他譯出了「三論」，同時也譯出了《大智
度論》，合稱「四論」。當時尚沒有三論宗的名稱，研究這些
論典的，不過是魏晉以後研究般若學的延續。最早研究三論
的，是羅什的弟子僧肇、僧叡、曇影等。僧肇所著的《肇論》，
被推為三論學的中國經典。他們當時都是著名的般若學者，
他們的思想被後人稱之為「關中舊義」。

鳩摩羅什逝世之後，由於未久之後關中戰亂，關中僧團

很快就解體了，僧侶紛紛南下，三論學的重心就由關中轉移
到南方。劉宋時代，義學僧人智林著《二諦論》、《十二門論
注》、《中論注》等，就是南方三論學的代表作。梁代初年，
三論學者僧朗以攝山（今南京近郊）為中心，弘揚三論學，
為梁武帝所敬重。此後僧朗在梁武帝的支持下，道風頗盛，
從學的人很多。僧朗又稱道朗，人稱攝山大師。他曾依法度
學習經論，尤精於三論之學。歷住攝山棲霞寺、鍾山草堂寺
弘法。梁天監年間，梁武帝敕僧詮、僧懷、慧令等十人赴攝
山，依僧朗學習三論，後來以僧詮成就最高，嗣僧朗之法。

　　當時《成實論》在江南頗為盛行，三論則學風不振，僧
詮嗣法於僧朗之後，住在攝山止觀寺，大弘三論，故三論學
說，後世稱僧朗、僧詮以前為關河舊說時代；僧朗、僧詮以
後，為三論新說時代。僧詮的生卒年代不詳，他門下弟子數
百人，而以法朗、慧布、智辯、慧勇四人最為傑出，世稱為
僧詮四友，或稱僧詮門下四哲。但後來對三論學貢獻最大的，
則為法朗法師。

三、由嘉祥寺到唐都長安

　　法朗是徐州沛郡（今江蘇沛縣東）人，俗姓周。二十一
歲出家，初從寶誌禪師習禪，此後又依僧詮學三論及《華嚴
經》、《大品般若經》等經典。後來奉朝旨入京駐錫興皇寺，

在寺中宣講《華嚴經》、《大品般若經》及三論等大乘經典，發揮以往諸師談所未談的奧祕，平常隨他修學的道俗多達千餘人。法朗在興皇寺講說二十五年，闡述《華嚴經》、《般若經》及四論各二十餘遍，在聽講僧俗千人中，知名弟子有二十五位，號稱「二十五哲」，而吉藏是依他受學最久的弟子，也是二十五哲中的翹楚。

　　吉藏七歲依法朗出家，直到法朗逝世，他隨侍法朗二十六年，盡得法朗的傳授。法朗逝世後，吉藏仍住在金陵興皇寺研究經典。到隋文帝滅陳之年，吉藏在戰亂中蒐集得大批經典疏鈔，他也一一加以整理閱讀，使他的學力又進了一步。他在興皇寺又住了幾年，此時隋朝大軍進一步平定江浙，統一全國，吉藏也於此時離開金陵，行腳參訪。後來到達了浙江的會稽郡（今紹興市），受請住持秦望山的嘉祥寺，開宗弘法，從學者也多達千人。吉藏住持嘉祥寺為時十餘年，隨著隋朝的統一全國，吉藏的名聲也普及於各地，當時人們都尊他為嘉祥大師。他在嘉祥寺曾開講《法華經》、「三論」，並撰著《法華經》及三論章疏。開皇十五年（五九五年），智顗大師受揚州總管楊廣的禮請，到揚州接受晉王楊廣的供養，翌年他辭別楊廣，回歸天台山，重整寺院，修習禪觀。吉藏曾致書智顗，請他到嘉祥寺講《法華經》，智顗因病未能成行，第二年就病逝了。吉藏感到很遺憾，他曾到天台山從智顗的弟子灌頂，學習天台宗的宗義。

　　隋文帝開皇年間的後期，晉王楊廣（就是後來的隋煬帝）

總管揚州，他在揚州建立四處道場，延請當代大德名僧主持，吉藏以盛名遠播，因此被請到揚州主持慧日道場，受到楊廣優厚的禮遇。他在慧日道場撰著《三論玄義》，完成自己的三論思想宗要。開皇十九年（五九九年），楊廣自揚州赴長安，邀約吉藏同行，到長安後安置吉藏住在日嚴寺。這時吉藏已年逾五十，他在日嚴寺致力於《維摩詰經》的研究，他的《淨名玄論》一書，就是這個時期完成的。同時他在長安大開講筵，開講《法華經》，受到道俗的推重。

隋煬帝大業五年（六〇九年），煬帝的次子齊王楊煉，邀集長安名僧六十餘人，於齊王府舉行辯論會，推吉藏為論主。當時與會的一位僧粲法師，以雄辯稱著於時，自號「三國論師」，首先和吉藏對論，往返四十餘番，結果吉藏獲勝。其餘還有一些人與之辯論，也都一一敗之於吉藏之手，吉藏的名聲愈高。

隋煬帝是一個具有雙重人格的暴君，他一方面博學能文，做出一副禮賢下士的樣子；一方面奢侈放蕩，猜忌暴虐。即位不久，因術士的勸告遷都洛陽，建洛陽為新都，徵集民伕二百萬人，按月輪替。此外修西苑、開運河、伐高麗，天下騷動，民不聊生，以致群雄起兵抗暴。大業十四年（六一八年），煬帝為叛將縊死於揚州。此時隋朝的太原留守李淵起兵入長安，建立了大唐王朝。李淵初入長安之時，召見佛教僧侶代表到虔化門問話，眾人以吉藏「機悟有聞」，一致推他為代表去晉見李淵。吉藏見李淵，對以「惟四民塗炭，乘時拯

溺，道俗慶賴，仰澤穹旻」，這是恭維李淵救人民於水火之中。李淵認為吉藏應對得體，對他慰問備至。過了不久，朝中要設立十位大德管理佛教事務，名為大僧統，吉藏也膺選為十大僧統之一。

四、悲願深宏，造像寫經

開皇末年，吉藏隨著楊廣由揚州赴長安之時，他原有一番抱負。他以為「三論」是鳩摩羅什在長安譯出的，但以後一直在江南弘揚，他如果到了長安，廣弘「三論」，則「三論」就可以在北方發展了。他到長安後住持日嚴寺，屢開法筵，講說不休。《高僧傳》上稱：「道俗雲奔，見其狀則傲岸出群，聽其言則鍾鼓雷動」。加以他是晉王楊廣請到長安的法師，所以很快就成為長安有數的名僧。當時長安有一位曇獻禪師，以他所住持的寺院狹小陳舊，他希望吉藏能到他的寺院中敷演「三論」，藉此向聽眾募化一筆建寺經費。吉藏聽說他是為了建寺，非常樂於配合，開講之日，聽眾逾萬，盛況空前，所布施的金銀財寶不計其數。吉藏分文不取，「委之曇獻，資於悲敬」。意思是說要曇獻除了建寺外，多餘的用於慈善事業。

隋文帝仁壽年間（六○一至六○四年），長安東郊的風景區曲江池地方，有人發心要建造一座百尺高的大佛像，但僅完成了基座，即因財力不繼而停工。吉藏聞知，他發願完成

這件善舉。自己去住在那陰暗潮溼、尚未完工的基座中，數日之後，消息傳到長安，很多人帶著財物來到曲江池，奉獻給吉藏供他造佛像，很快有了足夠的錢財，百尺高的大佛像也矗立在曲江池畔。

隋文帝仁壽四年晏駕，晉王楊廣繼位，是為隋煬帝。煬帝暴虐無道，大興土木，建造東都，開鑿運河，人民生活痛苦，社會動蕩不安。吉藏發願抄寫佛經，以為人民祈福。他自大業初年開始，十餘年間，抄寫出《法華經》兩千部，平均每月要寫出十部以上的經典，幾乎是晝以繼夜的抄寫，這種毅力與悲願，令人感動。

在隋煬帝大業年間，吉藏在長安受實際寺和定水寺兩處的禮請，擔任兩寺住寺。到了唐武德年間，高祖李淵的三子齊王元吉，對吉藏十分敬重，他特地建造了一座延興寺，請吉藏住持並遷入居住。吉藏礙於情面，也只好遷居延興寺。但他這時已是七十多歲的老人了，兼顧三處寺院，增加了體力上的負擔，以致逐漸的疾病纏身。高祖聞知，敕賜良藥，屢遣內使探視。到了武德六年（六二三年）的五月間，吉藏病體加重，他自知不久人世，寫下了上唐高祖的遺表，還寫下了一篇《死不怖論》，即於當月逝世。

在他臨命終時，他自己沐浴淨身，換上新衣，燒香念佛，而後入化，世壽七十五歲。高祖聞知，敕賜賻儀，葬於南山至相寺之北巖。他上給高祖的遺表是：

> 藏年高病積，德薄人微，曲蒙神散（蒙賜藥物），
> 尋得除愈；但風氣暴增，命在旦夕，悲戀之至，
> 遺表奉辭；伏願（皇帝）久住世間，緝寧家國，
> 慈濟眾生。儲王儲后，並具遺啟，累以大法。

這份遺表，雖然短短數十字，但卻是面面俱到；他首先感謝皇帝對他的愛護，常常賜給他藥物。再就是他對於國家的關切，對於君主的悲戀之情。最後祝禱皇帝久住世間，以救濟蒼生；也希望太子及妃，負擔起弘揚佛法的任務。

他那一篇《死不怖論》，也很值得一讀，文曰：「略舉十門，以為自我安慰，生而為人，無不愛生而畏死，這是不了解生死之理的緣故。因為死由生來，我若不生，何由有死？初生之時，即知終久要死，所以生時應該哭泣，死則不足畏怖啊！……」

吉藏博學多識，先後受到陳、隋、唐三代君王的尊崇，不免恃才傲物。他在學問上雖有成就，但不善於處眾，人際關係並不融洽；又以名氣太大，也是招人忌妒的原因，以此時或招致外人非難。道宣法師在《續高僧傳》對他的評語是：「縱達論宗，頗懷簡略，御眾之德，非其所長。」就是說他不善於處眾。

五、破邪顯正，二諦八不

　　吉藏一生治學，凡有三變，最初他是繼承法朗的學說，研究三論和涅槃；後來轉而研究《法華經》，最後則仍回到三論的研究和闡揚。他的著作《三論玄義》，就是樹立了自己的思想體系。吉藏生平，曾講演「三論」、《法華經》、《大品般若經》、《大智度論》、《華嚴經》、《維摩詰經》等經典，而以講「三論」的次數最多，《續高僧傳》本傳上說他一生講「三論」一百餘遍。他的著作很多，有的已經散失，現存者尚有二十六部，以《三論玄義》、《大乘玄義》和《二諦義》最為重要，其他還有《中論疏》、《百論疏》、《十二門論疏》、《大品般若經疏》、《大品般若經遊意》、《仁王般若經疏》、《法華經義疏》、《法華經略疏》、《法華經玄論》、《法華論疏》、《華嚴經遊意》和《涅槃經遊意》等多種。

　　在他手中所完成的三論宗，又稱空宗。空宗的基本宗旨，在於「破邪顯正」——破斥繆誤的見解，顯示正確的理論。以三論宗的基本論典來說，《中論》通破大小二乘的迷執，顯示大小兩教的實義。《百論》通破大小二乘的邪繆，申明如來的正法。《十二門論》破大乘的迷執，顯示大乘的深義。如吉藏在《三論玄義》中說：「論雖有三，義唯二轍，一曰顯正，二曰破邪。破邪則下拯沉淪，顯正則上弘大法。」而其所破斥

的對象又是什麼呢?《玄義》續稱:「但邪謬紛綸,難可備序。三論所斥,略辨四宗: 一、摧外道, 二、折毘曇, 三、排成實, 四、呵大執」。這就是說,三論宗破斥的對象,一為外道,二為阿毘曇——就是說一切有部的理論,三是《成實論》,四是「大執」、大乘佛教其他派別的執著。如《玄義》所稱:「外道未達二空,橫存人法;毘曇已得無我,而執法有性……總論西域(指古代印度)九十六術,別序宗要,則四執盛行。」四執指的是以下四種邪謬的執著,即:

一、邪因邪果: 認為宇宙人生是大自在天所創造。

二、無因有果: 認為世間萬物自然而有,沒有產生世間萬物的原因。

三、有因無果: 認為只有現世之因,沒有來世之果,此即所謂斷滅論。

四、無因無果: 不承認有現世的業因和後世的果報。

以上諸說,第一項是婆羅門教的理論,第二、三、四項是六師外道、九十六種外道等不同派別的邪說。而佛陀教的基本理論是「緣起」,緣起是以為世間萬法,皆是因緣——因素條件互相對待的現象。佛教反對絕對精神——上帝、神我為宇宙的生因(否定恆常),也反對物質為存在的本源實體(也否定斷滅)。宇宙萬有,不論是精神現象或物質現象,都必須遵循緣起法則而存在。緣起否定上帝、神我,否定物質實體,但卻肯定因果,這就是與外道——與所有一切宗教不同之處。

其實三論的內容,主要是「破邪」,無所謂「顯正」。但

破邪即所以顯正，所謂「戲論滅而根源之一理窮，群異息而至極之中道顯。」以破邪故，亦強言顯正。正是什麼呢？正者正理，正理就是諸法實相。諸法實相，就是「無所得」。此有體正與用正兩重意義，所謂體正，就是非真非俗中道實相的本體。此本體是語言道斷、心行處滅的無言法性，無以名之，名之曰體。此體絕諸偏邪，離諸情執，不偏不倚，名之為正；所謂用正，是為使眾生悟入無所得之理，在無名相中強加名相，說真俗二諦。此真俗二諦，就是詮顯無所得的言教，名之為用。

　　二諦說是三論宗的基本綱領，二諦是一者真諦，二者俗諦。諦是真實不虛之理，三論宗看世界，若約世俗諦說，世間萬法皆有，乃至許有我有法、有心有境。若約勝義諦說，諸法皆空，此空亦空。如《大智度論》云：

> 佛法中有二諦，一者世諦，二者第一義諦。為世諦故，說有眾生；為第一義諦故，說眾生無所有，依世俗諦，宇宙萬有皆有，若依第一義諦，萬有當體即空。

《中論・觀四諦品》有偈曰：

> 諸佛依二諦，為眾生說法；
> 一以世俗諦，一第一義諦。

> 若人不能知，分別於二諦，
> 則於深佛法，不知真實義。
> 不依世俗諦，不得第一義；
> 不得第一義，則不得涅槃。

　　這就是說，三世諸佛，都是依於二諦為眾生說法，一者是依於世俗諦，一者是依於第一義諦（真諦）。如果學佛的人不能分別了解二諦之理，對於深奧的佛法，就不知道它真實的涵義。如果不依世間真理，就不能了解第一義的真理。不了解第一義真理，就不能證得涅槃。吉藏在《三論玄義》中也說：「《中論》以二諦為宗。所以用二諦為宗者，二諦是佛法根本，如來自行化他，皆由二諦。」

　　其次是「八不中道」，《中觀論·破因緣品》之首，有皈敬偈曰：

> 不生亦不滅，不常亦不斷，
> 不一亦不異，不來亦不出。
> 能說是因緣，善滅諸戲論，
> 我稽首禮佛，諸說中第一。

　　這就是有名的「八不偈」。因為真俗二諦之所顯者，唯在無所得中道，所以《中觀論》以「八不」來說明二諦的意義。此八不，即偈中所顯：「不生不滅，不常不斷，不一不異，不

來不出」，八句四對。此八不並不是龍樹所立，而是出自《本業瓔珞經·佛母品》。經云：「二諦義者，不一亦不二，不常亦不斷，不來亦不去，不生亦不滅。」而在《涅槃經》，亦有「十不」之說，經云：「十二因緣，不出不滅，不常不斷，非一非二，不來不去，非因非果。」八不的反面是八迷，八迷就是主張有生有滅，有常有斷，有一有異，有來有出。所以八不就是八種否定——以一連串的否定，來破斥這八種迷執。本來一切事物，皆是仗因托緣而生起存在，都是一時的現象，沒有永恆的實體。而眾生顛倒，執為真實，在顛倒執著的妄見上，以所謂生者，說諸法實有生，滅者，說諸法實有滅；常者，謂諸法恆常存在，斷者，謂諸法終歸斷滅。一者，指諸法渾然為一，異者，指諸法各各別異；來者，以諸法從自在天、自性、微塵等出，出者，以諸法還去至本處。以上八者，就是八迷，由此八迷，更生出無量無邊的虛妄執著。

龍樹以八不正觀破遣八迷，來說二諦正義。因為不悟八不，就不識二諦，二諦即無以得其正。在《中論》注釋的長行中，青目論師用穀和芽作比喻，對八不作了一番通俗的解釋。它的大意是說：穀子由前種生出，但前種之前更有前種，朔之無始，前既已有，非今新生，是名不生。無始以來，初穀不滅，若滅則現在就不應有穀，是曰不滅。但先前之穀非現在之穀，是名不常；而穀種相續，代代如此，是名不斷。穀種非芽、莖、花、果，是名不一；而離開穀種即無芽、莖、花、果，是名不異。在穀種中找不出芽、莖、花、果，是名

不出；而芽、莖、花、果，是穀種所變，非從外來，是名不來。

　　三論宗的基本宗義，不出二諦、八不。吉藏的判教，立二藏三輪說，二藏是小乘的聲聞藏和大乘的菩薩藏。三輪是一者根本法輪（指《華嚴經》）；二者枝末法輪（指《華嚴經》以後到《法華經》中間的經論），三者攝末歸本法輪（指《法華經》）。吉藏的弟子很多，著名的有智凱、智命、智實、智拔、碩法師、慧灌、慧遠等，其中以慧遠尤為傑出。慧遠以後移住長安附近藍田縣悟真寺，不時到長安講演三論。三論宗興起之後，弘傳到中唐時代，以天台、華嚴二宗盛行，三論宗就漸次衰微了。

十、開創南山律宗的道宣大師

道宣一生弘揚戒律，
他自己也嚴守戒律。
他生平「三衣皆紵，一食唯菽，
行則杖策，坐不倚床。」

一、律學的起源與傳承

　　西元前五百餘年的時候，釋迦牟尼世尊在菩提樹下睹明星而證道，往鹿野苑度化五比丘，成立僧團（Sahgan）。僧團成立之初，團體中並沒有制定戒律，也許「六和敬」就是團體中的生活公約。但到後來僧團日益壯大，世尊的常隨眾就有一千二百五十人之多，據說舍利弗曾經提出建議，要求世尊制定戒律，作為僧團的規範。世尊卻說：「舍利弗，我此眾中，未曾有法；我此眾中，最小者得須陀洹果。諸佛如來，不以未有漏法而為弟子結戒。」

　　世尊的意思是說，在弟子們沒有犯過失以前，如果先訂出一套戒律來限制弟子的行為，是對弟子人格的不信任和不尊重，所以此議作罷。幾年以後，有一次世尊帶著常隨弟子到恆河北岸遊行教化，途經毘舍離城，世尊在大林精舍度雨安居，是年毘舍離發生饑饉，雨安居時僧團糧食發生困難。據說僧團中有一名須提那的比丘，是毘舍離迦蘭陀村的一位長者之子。他出家未久，頗為精進，僧團中同修都對他十分敬佩。他稟告世尊稱他可帶一些比丘到迦蘭陀村就食。到了家鄉，他父母堅欲他回家看看，他回到家中，禁不住嬌妻的挑逗破了戒體。須提那事後深為懊悔，回到大林精舍後向世尊懺悔。世尊為僧團前途著想，感到有制定戒律的必要，於

是開始制定戒律。戒律不是一次完成的，而是每遇到僧團發生事情，由世尊加以處理，這就成了一個案例。這些案例累積起來，就是後來的律藏。

釋迦世尊住世時，因事制律，隨機散說，並沒有作有系統的組織。世尊滅度後，大迦葉領導第一次結集，在畢波羅窟結集會場，由阿難誦出經藏，由優波離誦律藏。優波離是以八十次誦出的，後來就稱為《八十誦律》。結集之後，由大迦葉領導僧團。大迦葉苦行第一，齒德俱尊，眾無異言。二十年後，大迦葉傳法於阿難，阿難這時已七十多歲，他多聞第一，眾人翕服。此後阿難傳法於末田地，末田地傳法於商那和修，商那和修傳法於優婆鞠多。優婆鞠多領導僧團時，距世尊滅度已近百年，僧團尚維持著世尊住世時的道風，經典上說「五師相傳，法水一味」。優婆鞠多有高足弟子五人，各於不同地區弘傳毘奈耶──律藏，由於各地社會背景的不同，加以五師對戒律的見解不一，律藏遂分為五部，名叫曇無德部、薩婆多部、彌沙塞部、迦葉遺部、婆蹉富羅部，這是律部分派後的同時五部。以上五部律，後來傳到中國來的有四部，即曇無德部的《四分律》，薩婆多部的《十誦律》、彌沙塞部的《五分律》及婆蹉富羅部的《僧祇律》。

以上四部律學的梵本，於東晉及南北朝時代傳入中國，譯出之後，流行於南北各地。初以《十誦律》流傳最廣，梁慧皎撰《高僧傳》，他說：「雖復諸部皆傳，而《十誦》一本，最盛東國」。即是後來創立南山律宗的道宣，在《續高僧傳》

中也稱：「自律藏久分，初通東夏，則薩婆多《十誦》一本，最廣弘持」。以上兩家，都說十誦律最為盛行。其次是《僧祇律》，它流傳雖不如《十誦》之廣，但也是律學的主流。到南北朝中葉以後，由於慧光律師弘通《四分律》，《四分律》才逐漸盛行。到了隋、唐時代，《四分律》遂壓倒諸律。

慧光是北魏末葉人，他初依佛陀扇多出家，也參預過《十地經》的譯場。他精研律學，撰有《四分律疏》，後世尊稱他為《四分律》宗的開祖。他的弟子眾多，而繼承《四分律》學的，以道雲、道暉最有成就。道雲奉慧光遺命，專弘律部，他也撰有《四分律疏》九卷。道暉又把道雲的疏文加以整理，刪略為七卷。當時名僧如曇隱、洪理、慧遠，皆出於道暉門下。而道雲門下，則有洪遵、道洪二人。當時關中一地，流行《僧祇律》，後來洪遵到了關中，專弘《四分律》。《續高僧傳》稱他：「開導《四分》，一人而已；迄至於今，《僧祇》絕唱。」

道雲的弟子道洪，傳《四分律》於弟子智首，而由智首為《四分律》宗奠下了基礎。智首的弟子道宣，就是大成南山律宗人物。

二、師承智首，律傳四分

道宣是吳興（今浙江湖州市）人，也有說他是丹徒（今

江蘇省丹陽市）人，俗姓錢，出生於隋文帝開皇十六年（五
九六年）。他的父親在陳朝時曾任吏部尚書，母親姚氏。他自
幼穎悟，受到嚴格的家庭教育，飽讀儒書，九歲便能作賦。
當時隋文帝大興佛教，他十歲的時候，便依長安日嚴寺慧頵
律師座下學佛法，十六歲落髮為僧，二十歲依大禪定寺的智
首律師受具足戒，就留在智首座下學律。這時是隋朝末年的
隋恭帝義寧元年（六一七年），第二年，隋朝太原留守李淵兵
臨長安，建立大唐王朝，改元武德，時序進入唐代。

　　智首在當時是有名的律學大家，他是安定（甘肅）人，
俗姓皇甫。幼年投相州雲門寺依智旻出家。後來從道洪學律，
同學七百多人以他最為傑出。年未滿三十就開始講律，他的
懿德敏行，甚為時人讚歎。隋文帝在長安建大禪定道場時，
智首隨著智旻入關，住大禪定道場講律。當時關中流行《僧
祇律》，及至洪遵到長安開講《四分律》，道俗雖然也有人學
習，而傳文律儀尚不夠明瞭。智首也感於當時諸部律多有混
淆之處，他乃核對各部同異，撰《五部區分鈔》二十一卷，
為《四分律》立下基礎。智首在長安弘律三十餘年，名重當
時，本傳上說他：「鈔疏山積，學徒雲涌」。他座下有弟子道
宣、道世、慧滿、道興、智興等多人；連先在關中弘闡《四
分律》的洪遵，及兼弘《地論》和《四分律》的靈裕，都率
領弟子參加他的講席。在眾多的弟子中，以道宣的成就最高。

　　道宣二十一歲依智首學《四分律》，他纔聽了一遍，自以
為已經了解，想轉而學禪。他的剃度師慧頵律師訶斥他說：

「修捨有時，功願須滿，未宜即去律也！」要他至少聽《四分律》二十遍，才可以修禪。他果然耐心聽了二十遍，由此奠定了他的律學基礎。到了唐高祖武德七年（六二四年），他和剃度師慧頵所住的日嚴寺廢毀，他隨著慧頵遷住到新營造的崇義寺。過了幾個月，他離開長安，到城南的終南山，住在仿掌谷修習禪定。他住的地方本來沒有水，他住入後尋得水源，有清泉湧出，因此就把他的住處稱白泉寺。

　　道宣在白泉寺除了修習禪定之外，並整理他數年間學律的心得，於武德九年（六二六年），撰成《四分律刪繁補闕行事鈔》三卷，於此行事鈔中，闡發他為律學開宗的見解。翌年是貞觀元年（六二七年），繼續又撰著《四分律拾毘尼義鈔》三卷。貞觀四年（六三〇年），他出外到各地參學，蒐集各家律本及相關資料，對照各種律本的異同，同時也為其他撰述作準備。他經常跋涉山川，到四方廣泛參學。甚至於在依智首學律的時候，他也常出外參訪。他自稱：「居無常師，迫千里如咫尺；唯法是務，跨關河如一葦……」。

　　他的足跡遍遊山西、河南，遠及江淮一帶。他曾到魏郡訪問名德法勵律師，請決疑滯。他不僅是讀萬卷書，同時也行萬里路，以增長見聞。到貞觀九年（六三五年），道宣在山西沁縣棉上（今該縣綿上鎮），寫出了《四分律刪補隨機羯磨》一卷，及《隨機羯磨疏》二卷；隨後又撰《四分律比丘含注戒本》一卷，及《含注戒本疏》三卷。貞觀十一年（六三七年），在隰州益詞谷撰著《釋門亡物輕重儀》二卷，《尼注戒

本》一卷。

貞觀十六年（六四二年），道宣仍回到終南山，居住在豐德寺，在此期間，於豐德寺寫成《四分比丘尼鈔》三卷，同時與隱居終南山的處士孫思邈，結下了一段「忘年之交」的因緣，二人時相往來，常議論終夕。

孫思邈在隋唐時代是一傳奇性的人物，他通百家之學，尤善老莊，精於岐黃之術，以行醫活人為務。中年以後隱居終南太白山，北周時代楊堅輔政為丞相，召思邈為國子監博士，辭謝不就；唐高宗顯慶年間召見，拜為諫議大夫，稱病還山，到永淳年間逝世，活了一百多歲。著有《千金要方》、及《銀海精微》諸書傳世。

三、玄奘大師回國，道宣參與譯場

貞觀十九年（六四五年）二月，玄奘大師自天竺求法回到長安，這時太宗皇帝駐蹕東京，玄奘趕往洛陽陛見。太宗在儀鸞殿接見，對之慰勉有加，並安置他在西京弘福寺譯經。玄奘回到長安，於弘福寺開設譯場，開始翻譯他由天竺請回的梵本經典。

開設譯場需要動用許多人員，都是自當代名僧大德中聘請，道宣也在受請之列。玄奘大師住持的譯場，也援照舊例，譯場中設有九組人員，即一者譯主，二者證義，三者證文，

四者書字，五者筆受，六者綴文，七者參譯，八者刊定，九者潤文。道宣擔任的是綴文工作，綴文不止他一個人，而是有九位之多，包括京城普光寺的栖玄，弘福寺的明璿，會昌寺的辯機，簡州福聚寺的靜邁，蒲州普救寺的友行，棲巖寺的道卓，幽州照仁寺的慧立，洛州天宮寺的玄則。所謂綴文，是將譯好的經文，重新予以調整或連綴，以符合漢文的文法。他們九位都是一時名德，文字修養深厚，所潤飾的經卷品質很高，因此當時有「綴文九大德」之稱。

　　道宣前後兩次參加玄奘大師的譯場，第一次是貞觀十九年初組譯場之時，一年之後他返回終南山豐德寺，將先前所撰的《四分律刪補隨機羯磨》一卷，加以增益為二卷；又把《隨機羯磨疏》二卷增廣為四卷。到永徽二年（六五一年）九月，他又增訂《四分律比丘含注戒本》，及《含注戒本疏》，他開創南山律宗的〈南山五大部〉疏鈔，至此增補整理完備。翌年他又撰成《釋門章服儀》一卷。

　　唐高宗顯慶三年（六五八年），玄奘大師奉敕旨遷居西明寺譯經，同時敕選大德名僧五十人，及侍者各一人，入西明寺與奘師同住，其中也包括道宣在內，玄奘大師門下的上座弟子神昉、嘉尚、普光、窺基及圓測等，都名列五十位大德之中。西明寺是顯慶元年八月奉旨營造，至此峻工，規模宏偉壯觀，凡有十院，房屋四千餘間，莊嚴宏偉，超過了梁代的同泰寺、北魏的永寧寺。玄奘遷居西明寺未久，天竺沙門阿地瞿多及那提相繼來到長安，也從事譯經。玄奘以譯事不

專，上表請求停譯，未得允許。這時大眾請他譯出全部的《大般若經》，玄奘以京師人事紛擾，影響譯事，表請到玉華宮去翻譯（玉華宮是皇室的別宮，在長安北三百里宜君縣），即於顯慶四年遷到玉華宮去了。

　　道宣與玄奘大師兩度相處，對大師了解甚深，他在《續高僧傳》譯經篇的玄奘本傳後面，讚歎玄奘大師曰：「觀夫翻譯之功，誠遠大矣！前錄所載，無得稱焉，斯何故……」，究竟何故呢？因為玄奘大師不僅精通漢文，對於梵語梵文也有很高的造詣，因此隨手翻譯，即成優美文句；順手寫下的句子，便是簡鍊的文章。無論是梵文譯漢，或漢文譯梵，全都辭藻優美，正確無誤使人挑不出毛病來。

四、修《續高僧傳》，撰輯釋迦譜

　　前文說過，道宣在《續高僧傳》中讚歎玄奘大師，而《續高僧傳》就是道宣撰寫的著作。原來道宣不僅精研律部，大成南山律宗，並且他也通達文史，對佛教史學和文學都有重大的貢獻。他於貞觀十九年（六四五年），撰成《續高僧傳》三十卷。這一年玄奘大師回國，道宣也入弘福寺參加譯經，他藉此機會考證西域方輿，後來於高宗永徽元年（六五〇年），撰成《釋迦方志》二卷。顯慶五年（六六〇年）撰成《佛化東漸圖贊》一卷（今佚）。其時佛道二教的諍論甚為熾烈，他

於龍朔元年（六六一年）撰成《集古今佛道論衡》三卷，麟德元年（六六四年）又增撰一卷，合為四卷。同年又撰成《大唐內典錄》十卷、《廣弘明集》三十卷，和《集神州三寶感通錄》（又名《東夏三寶感通記》）三卷。又於麟德二年（六六五年）撰成《釋迦氏譜》一卷。此外還撰有《聖跡現在圖贊》一卷（今佚）、《後續高僧傳》十卷（今佚）、《法門交記》若干卷（今佚）等。由此可見他治學範圍的廣博。其中《續高僧傳》、《釋迦方志》、《集古今佛道論衡》、《大唐內典錄》和《廣弘明集》等，均為佛教史上重要名著。

此處特別要介紹的，是《續高僧傳》這部書。原來我國早有高僧傳的撰述，梁代慧皎撰《高僧傳》，成於梁天監十八年，上自東漢永平十年，迄至梁天監十八年，凡四百五十三年，立正傳二百五十七人，附見二百四十餘人，共載五百人。而道宣的《續高僧傳》三十卷，是銜接慧皎的《高僧傳》之作，起自梁天監初年，止於唐貞觀十九年（六四五年），為時一百四十四年間。在道宣的自序中也稱：列入正傳者三百四十人，附傳一百六十人。但是在本書脫稿以後，屢加增補，實際所載是止於麟德二年（六六五年），正傳增加至四百八十九人，附傳增加至二百十三人，合計七百零二人。

道宣撰寫《續高僧傳》，並不是僅憑書面資料「閉門造車」，而是除了書面資料外，他還到各處去參訪、遊歷，蒐集相關資料。他於貞觀四年起即開始出外參訪，他經常跋涉山川，遊歷各處。如他自述所說：「居無常師，追千里如咫尺；唯法

是務，跨關河如一葦……」他的足跡及於華北、江淮，蒐集相關資料，為其撰述作準備。

　　他的《續高僧傳》，是以梁慧皎的《高僧傳》為藍本，繼承了慧皎的「褐善之美」、「敦勵後生」的精神。在體例上他也比照《高僧傳》，分為十科。但因時代背景的不同，也有其變更改進之處，例如在十科之中，他刪去了〈神異〉一科，增加了〈雜科聲德〉。這樣，《續高僧傳》的內容則為：〈譯經〉、〈義解〉、〈習禪〉、〈明律〉、〈護法〉、〈感通〉、〈遺身〉、〈讀誦〉、〈興福〉、〈雜科聲德〉。

　　自古以來，高僧與名僧之間即有所分別。所謂「高者未必名，名者未必高」。道宣考慮到大家只注意到世間名僧，而一些韜光隱晦、潛德幽行的高僧不為世人所知，所以他不辭辛勞，蒐求這些品德高尚而不為人知的高僧，也為他們立傳，以為後人的榜樣。

五、南山律宗，弘揚四分

　　道宣一生弘揚戒律，他自己也嚴守戒律。他生平「三衣皆紵，一食唯菽，行則杖策，坐不倚床」。這是說：他一生穿麻布的衣服，吃粗糲的飲食，行不坐車，止則蒲團，以此表示他持戒精嚴。他的大名不僅遍及國內，甚至於遠及印度。後來善畏來到長安，就說：「在天竺，就聽說西明寺道宣律師，

持律第一。」

　　他持律、弘律，撰述律學著作，以此奠定下律宗基礎。因為他在終南山居住多年，他開創的律宗為人稱為「南山律宗」，南山律宗所弘揚的，是五部律中的《四分律》，《四分律》說了些什麼呢？概略介紹其內容如下：

　　《四分律》內容分四部分，即初分前部是僧戒本，初分後部至第二分前部，是尼戒本；第二分後部及第三分、第四分，是二十犍度。以上四部分，分止持、作持二部分。所謂止持，是停止惡業的造作；所謂作持，是持戒以修習善事。止持部分，有僧戒本與尼戒本，即是比丘與比丘尼所受的戒律，名曰具足戒，略稱具戒。比丘有二百五十戒，比丘尼有三百四十一戒，再加七滅諍，便成三百四十八戒。

　　在比丘的二百五十戒中，包括四波羅夷、十三僧殘、三不定、三十拾墮、九十單提、四提舍尼、百眾學法、七滅諍；在比丘尼的三百四十八戒中，包括八波羅夷、十七僧殘、三十拾墮、一百七十八單提、八提舍尼、百眾學法、七滅諍。以上是《四分律》的前半部，即止持門。後半部解釋受戒、說戒、安居、自恣、皮革、衣、藥、迦絺那、拘睒彌、瞻波、呵責、人、覆藏、遮、破僧、滅諍、比丘尼、法、房舍、雜等二十犍度。犍度，意譯為聚，也就是類的意思，即作持門。然而止持與作持之間，作中有止，止中有作，互相為用，不可偏廢。再者，這止、作二持，有總有別，總則一切諸善皆屬二持，別則就戒律而言。

　　僧尼的戒量，有廣有略，所謂比丘二百五十戒、比丘尼
三百四十八戒，這也是且設其數，應緣而受的意思。比丘之
戒，略則為二百五十戒，中則有三千威儀、八萬細行，廣則
無量；比丘尼戒，略則為三百四十八戒，中則有八萬威儀、
十二萬細行，廣則無量。因此，比丘、比丘尼受戒時，並得
受無量無邊等戒，故曰具足戒。

　　佛門有七眾，戒亦有四位。這四位是五戒、八戒、十戒、
具足戒，若再加六法，即是五位。五戒是在家二眾優婆塞、
優婆夷所持；八戒又稱八齋戒，乃是在家二眾，受出家戒一
日一夜，以種出世的正因；十戒是沙彌、沙彌尼所持；六法
為式叉摩那──即學法女所持。具足戒為比丘、比丘尼所持。
以上比丘、比丘尼、式叉摩那、沙彌、沙彌尼，稱為出家五
眾；優婆塞、優婆夷為在家二眾，合稱佛門七眾。

　　五戒是根本大戒，八戒、十戒、六法，以至於比丘戒、
比丘尼戒，皆是從根本戒開展而來。反過來說，五戒、八戒、
十戒、六法，又是從具足戒中擇其切要，以應受戒的身分而
設。而佛門七眾，亦即依於各種不同的戒律而建立。

　　道宣的律學著作，就是南山律宗的奠基之作〈南山五大
五大部〉。五大部是《四分律比丘含注戒本疏》三卷，《四分
律刪補隨機羯磨疏》二卷，《四分律刪繁補闕行事鈔》十二卷，
《四分律拾毘尼義鈔》六卷，和《四分比丘尼鈔》六卷。道
宣十分推崇戒在佛法中的地位，他認為戒「為五乘之軌導，
實三寶之舟航」。因為眾生多沉溺於煩惱與痛苦之中，欲求解

脫煩惱，必須以戒資定，由定發慧，有了智慧，則可遏止欲望，解脫煩惱。

　　道宣於高宗乾封二年（六六七年）十月，在長安西明寺逝世，世壽七十二，法臘五十二夏。他門下的弟子眾多，著名的有大慈、文綱、弘景、周秀、靈萼、蝕濟等，眾人弘揚南山律，各有傳承，歷久不衰。

十一、中國佛教偉人玄奘大師

會場中呼聲雷動，紛紛燒香、散花，對玄奘致敬。

大乘佛教的僧人尊玄奘為「大乘天」——大乘的聖人。

小乘佛教的僧人尊之為「解脫天」——解脫的聖人。

這次曲女城大會，是玄奘大師聲譽的最高峰。

大乘天之稱號，五印度道俗皆知。

一、卓然不群的沙彌

在中國為時兩千年的佛教史上，為數千百萬的出家眾中，如果要選出一位知名度最高，為佛教貢獻最大的人物，我想非唐三藏玄奘大師莫屬。唐玄奘大師，是中國佛教中空前絕後的偉人。他是偉大的宗教家、思想家，也是偉大的翻譯家、旅行家。他譯出的經典，占我國譯經總數三分之一。他溝通了中印兩大民族間的文化，也為中國文化輸入了新血輪。如果要了解玄奘大師生平的事跡，及其何以偉大，且自他的幼年身世說起。

玄奘俗家姓陳，單名禕，河南洛州緱氏縣人（今洛陽東緱氏鎮），他於隋文帝開皇二十年（六〇〇年），出生在一個沒落的官宦家庭。他的父親陳惠，是一位飽學之士，曾被郡中舉為孝廉，任過陳留縣令，因為不樂仕進，辭官歸里。玄奘幼年聰慧敦厚，溫文儒雅。他八歲從父讀書，勤學不懈。陳惠是一個不事生產的名士，辭官多年以後，家境日益艱困。玄奘的二哥陳素，早年在洛陽淨土寺出家，法名長捷。長捷精通內典，兼通書傳，尤善老莊，是人所敬仰的法師。玄奘受到兄長的影響，十歲時隨著兄長住進洛陽淨土寺，依兄誦習經典。

隋煬帝大業八年（六一二年），玄奘年十三歲，煬帝下詔

於洛陽度僧二十七人——那時度僧的名額有限制，且須通過政府的考試。玄奘在淨土寺隨兄讀畢《法華經》和《維摩詰經》，他也去報名應考。因為年幼不合規定，他徘徊在考場門外，躊躇不去。

這時主考官大理寺卿鄭善果適巧經過，見一溫文清秀的少年徘徊門外。鄭善果有知士之鑒，就問為誰家的孩子？玄奘報出他的氏族。

鄭善果又問：「你也要求度嗎？」

玄奘答是。

鄭又問：「你出家的目的何在呢？」

玄奘答：「要繼承如來的大法，加以發揚光大。」

鄭善果一來嘉許他的志向，二來也看重他的器貌，特為破格錄取。

鄭善果確是獨具慧眼，有知人之明。由於他破格錄取，使玄奘跨過了剃度出家的門限，使佛門中生出一個不世出的龍象，改寫了佛教的歷史。

剃度後的玄奘，還沒有成為比丘，只算是一個小沙彌。這以後數年，他在淨土寺研習經典，聽寺中的景法師講《涅槃經》、聽嚴法師講《攝大乘論》，他生性好學，學經時廢寢忘食，努力不懈。二位法師要他升座複講，他記憶力特強，分析詳盡，博得師友們的讚許，成為一個卓然不群的小沙彌。大業末年，玄奘與兄長為避兵亂，西入長安，暫時棲身於長安莊嚴寺。未久李淵在長安建立了大唐帝國，時為武德元年

（六一八年）。惟國基草創，兵甲未息，整個長安沒有一處講經之所，這時唯有四川較為安定。洛陽四大道場的大德如慧景、智脫、道基、寶暹等都在成都講經，長捷、玄奘兄弟不願在長安虛度光陰，於是西行入蜀，於武德二年到了成都。

這時成都高僧雲集，一個道場往往有僧侶數百人。長捷、玄奘住入空慧寺，聽寶暹講《攝大乘論》，聽道基講《雜阿毘曇心論》，聽惠振講《八犍度論》，數年之間，他佛學基礎更加充實。唐高祖武德五年（六二二年），玄奘在成都受具足戒，成了一位大僧——正式的比丘。那時唐室已統一了天下，社會秩序已經恢復，玄奘乃離開成都，沿江東下參學。他曾在荊州天皇寺講《攝大乘論》、《雜阿毘曇心論》，淮海一帶的名僧都聞風而至，聽他講說。他又由揚州北上趙州，從道深法師學《成實論》。後來於太宗貞觀元年，回到了大唐國的都城長安。

二、法義顯隱有異，決心西行求法

玄奘二度再到長安，住在大覺寺。這時長安有兩位有名的大德，一位是專講《俱舍論》的僧辯，一位是精通《攝大乘論》的法常，玄奘分別從他二位學習。由於他對這些經典都下過苦功，領悟力又強，所以學習起來，質疑問難，縱橫論辯，其智慧天才，深為時賢所歎服。很快的他在長安佛教

界中，成為一位知名的飽學比丘。

　　然而，飽學的玄奘也有他的煩惱。他曾在洛陽、成都、趙州、相州各地遊學參訪，回到長安又已數年，追隨的都是一流名師，學習過《俱舍》、《成實》、《涅槃》、《攝論》、《地論》、《毘曇》等經典不止一次。但是在他互相對照比較之下，發現各人所講的經典「顯隱有異」，彼此矛盾。特別是當時流行的《攝大乘論》和《十地經論》，對於佛性、阿賴耶識之說彼此參差，不能統一。玄奘很希望能夠讀到總賅三乘學說的《瑜伽師地論》，以求了解會通。於是他決心往印度求法，尋求原始的梵本聖典，以對法義求得正確的了解。

　　唐太宗貞觀二年，玄奘說服了幾位佛門同道，上表朝廷，請求赴天竺求法。但因唐室建國未久，與西域諸國尚未建交，故嚴禁國人出關（國境玉門關），以致申請被朝廷駁回。這時其他道友都心生退轉，打消西行之意。而玄奘心不退縮，決意一人西行。他在長安城中找到西域胡人，向他們學習西域胡語，預作出國的準備。貞觀二年（六二八年）冬季，長安一帶發生霜災，農作物受到嚴重的損害，朝廷准許道俗到豐收的地區就食，玄奘利用這個機會，貞觀三年春天離開長安，首途西行。這時有一個秦州的比丘孝達，原在長安學《涅槃經》，事畢返鄉，二人乃結伴同行到秦州。孝達不再西行，玄奘獨自前進，經蘭州到了涼州。

　　涼州距長安二千里，是防備吐蕃、回紇的軍事要地，設有守邊的都督府。涼州當時人口眾多，市面繁榮。玄奘應僧

俗信眾的要求，為他們開講《涅槃經》和《攝大乘論》，在講經時對眾人說出西行求法的目的。不意這個消息為涼州都督李大亮所聞，李大亮傳訊玄奘，詢問西行的目的。玄奘告以：「西行求法」。李大亮曾奉敕防禁國人出關，他不敢徇私，強迫玄奘返回長安。幸好這時有一位惠威法師，在河西佛教界具有領袖群倫的地位，他對玄奘西行求法的志願深為同情，暗中指派了弟子慧琳和道整，護送玄奘西行。他三人潛離涼州，向西進行一千數百里，到了邊境的瓜州。

　　玄奘於此探詢西行路程，得知由此北行五十里有瓜蘆河，河流湍急，深不可渡，上設玉門關，為西行的咽喉。出關後西行要經過五座烽火臺，各相去百里，有邏卒駐守，途中沒有水草，亦沒有人家。過了五個烽火臺，就是莫賀延——伊吾國的國境。如此艱險的路程，如何通得過？玄奘計無所出，就在瓜州耽擱了一個多月。不意此時涼州的防牒到了瓜州，說要緝拿一位想偷渡出關的出家人玄奘。公文到州吏李昌手上，李昌虔誠信佛，他身懷防牒去探訪玄奘，詢問是否就是牒文中的人。並說明如據實相告，當設法幫忙。玄奘乃據實說明西行求法之志。李昌深表同情，當面撕毀了防牒，並勸他早日首途西去。

三、單人匹馬，萬里孤征

　　這時由涼州同來的道整，到瓜州後就回去了，只留下慧琳陪他。玄奘自認為犯禁西行，不便連累別人。再看慧琳的身體也不堪長途跋涉，索性遣慧琳返回涼州。他自己買了一匹馬，準備行裝，打算一人前進。但苦於沒有嚮導，他於投宿寺院的彌勒菩薩前祈求，無意中遇到一個名叫西槃陀的胡人，慨允送他出關渡過五烽。於是玄奘在此胡人領導下踏上征途，夜渡瓜蘆河，偷出玉門關。出關之後，那胡人對於犯禁遠行心生反悔，辭別玄奘而返。至此只剩下玄奘一人一馬，孑然孤征。

　　這時橫在面前的，是一望無際的大沙漠。那大漠平沙無痕，不但沒有人跡，也沒有飛鳥走獸，樹木雜草。能夠幫他辨認路徑的指標，竟是白骨或馬糞的遺跡。他策馬前進，並一心誦念觀世音菩薩聖號。這一天，他終於走到第一座烽火臺附近，隱伏在低窪之處，等到入夜後去尋到了水源。正當人馬痛飲的時候，忽然一支箭颯然而至，原來他的行藏敗露，為邏卒發現了。

　　那邏卒把他帶到守將王祥處，王祥詢知玄奘是犯禁私度，原想把他送回敦煌。但經玄奘說明自己是因佛經法義有所不周，所以不憚艱危，誓往西方取經的經過。王祥聽後深為同

情，決定助玄奘西進。他留玄奘住宿一晚，第二天備妥乾糧飲水，送玄奘上路，告知他可到野馬泉取水。玄奘依照王祥的指示繼續前進，由於一片大漠無路可循，走了數日迷了路途，遍尋野馬泉不得。更不幸的是在飲水時失手打翻了水囊，使飲水傾流淨盡。他想返回取水，已返身走了十多里，繼而一想：「我出玉門關時，曾發誓願若不至天竺，絕不東返。如今我寧可西行而死，絕不能東還而生。」於是掉轉馬頭，繼續向西北方向前進。

　　這時大漠茫茫，杳無人跡。時而驕陽如火，灼人髮膚，時而驚風挾沙，射人如雨。入夜之後，磷火閃爍，有如魑魅。而最為難熬的，卻是水盡口渴之苦。他的體力逐漸衰竭下去，而玄奘默誦觀世音菩薩聖號，繼續前進，一息尚存，決不中止。這樣經過了五日四夜，無滴水露唇，他口燥舌乾，喉中冒火，終於人困馬乏，不能前進，人馬困臥在黃沙中。入夜之後，涼風觸體，使他清醒過來。見那老馬在他身旁，振鬣長鳴。他鼓勇上馬，那馬忽然不聽控制，向前狂奔。數里之後，在月光映照下，奔至一片碧綠的草原，草原中一泓清水，澄澈如鏡——他得救了。

　　玄奘在水草地上休息一日，體力恢復後，把皮囊中裝滿清水，再上馬向前進發。更經兩日，方走出流沙，抵達伊吾。這在當時是一個小王國（現在哈密境內）。他投棲於一古寺中，寺中有三位漢僧，其中有一老者，聞說有唐朝高僧到來，興奮得鞋子都來不及穿，光著腳迎出來，老淚縱橫的對玄奘說：

「不圖此生，尚能見故國之人。」玄奘也為之傷感不已。

　　伊吾是高昌國（今吐魯番境）的屬國，高昌國王麴文泰是虔誠的佛教徒，他聞知玄奘西行求法抵達伊吾，特遣使迎接。玄奘原打算由伊吾向西北走，經巴爾庫山，沿天山北麓西行，轉赴天竺。現在以高昌王誠意相邀，只得繞道高昌。他隨使者西行六日，於夜半抵達高昌王城。國王率妃嬪親自出宮迎接，對玄奘禮敬備至。王母見玄奘面容憔悴，衣衫襤褸，並聽說途中艱辛，不由得潸然淚下。高昌王對玄奘供養極盛，意態謙誠，他極力挽留玄奘長留下來，教化高昌。但玄奘西行之志毫不動搖。暫留一段時日後，玄奘執意上路。高昌王心中不悅，欲以強力相留，玄奘乃絕食以示西行決心，水漿不入口者三日，王見玄奘如此，心生愧悔，頂禮謝罪，不再挽留，玄奘乃進食。王與玄奘約為兄弟，並餽贈黃金百兩，銀錢三萬，以及法服鞋襪，馬匹伕役等。還寫了二十四封書信，分致西行各國，託請沿途照料保護，這樣才送他上路，揮淚而別。

　　玄奘一行自於貞觀三年八月，由高昌國西行，經過阿耆尼國（新疆焉支）、屈支國（新疆庫車），因前途雪崩，不能前進，在屈支停留了兩個月，繼續經祿迦國（今新疆拜城）抵達凌磧山——葱嶺北隅的達爾山口。翻越凌磧山，是一段艱險萬分的行程，山上有萬年不化的積雪，山下有黑不見底的深淵。山徑崎嶇，風雪飛舞。攀越者以冰為牀。這樣經過了七天七夜，方始越過，但是隨行的伕役和牛馬，死傷了十

之三四。越過淩磧山，到達中亞細亞地，前行四百餘里，到達大清池（即伊斯色克湖），再向西北前行五百餘里，到達葉素城。這是西突厥的領域，當時西突厥葉護可汗的勢力強大，大雪山以北六十餘國皆歸其統屬。玄奘呈上高昌王的書信及禮品，可汗「重其賄賂」，設宴招待，並派了一個通漢語的青年摩咄達沿途護送。玄奘自高昌西行，為了要見葉護可汗，才繞道中亞細亞進入印度。此一路線雖然艱險，但經過葉素城後，由於有葉護可汗派人相送，因而一路上十分順利。前行進入印度國境，再經過三十餘個國家，終於在貞觀七年（六三三年）到達了目的地，中印度摩揭陀國的那爛陀寺。

四、那爛陀寺留學五年

　　玄奘進入印度國境以後，他一方面隨處參學，一方面禮朝聖跡。這樣展轉經過了三十餘國，最後於貞觀七年到達中印度的那爛陀寺，這時距他離開長安已有五年之久。那爛陀意譯為施無厭。是印度笈多王朝，於西元五世紀時為佛教建的寺院，也是以後數百年印度佛學研究的中心。這個大寺院中有八個院落，各擁有自身的房舍庭院。寺院中常住僧侶四千餘人，加上臨時客居者，僧俗常逾萬人。當時主持寺院的，是護法的弟子戒賢論師。戒賢時已年逾百歲，是印度學德俱尊的宗匠。傳說戒賢百餘歲仍然健在，就是為了等待玄奘。

戒賢患風溼病，三年前他因痛苦難忍，欲絕食而死。後來夢到文殊菩薩告誡他說：「你不能尋死，中土沙門玄奘來此求學，你要好好的傳授他佛法。」醒來後他的風溼之苦竟不藥而癒，及至後來玄奘抵達，戒賢悲喜交集，認為文殊菩薩所示應驗。

　　玄奘抵達那爛陀寺安住下來後，隨之到王舍城、靈鷲山、尼連禪河畔菩提樹下佛成道處，以及大迦葉等五百比丘結集的畢波羅窟等處朝禮聖跡，然後回到那爛陀寺，依戒賢論師學《瑜伽師地論》。《瑜伽論》是印度瑜伽行學派所主依的論典。傳說佛滅後九百年頃，在兜率天宮的彌勒菩薩，應無著論師之請，在中印度阿瑜遮那國的阿瑜遮那講堂，為無著講五部大論——《瑜伽師地論》，《分別瑜伽論》，《大乘莊嚴論》，《辯中邊論》，《金剛般若論》。無著及其異母弟世親論師，二人承彌勒之說，建立了「瑜伽行學派」。此後二百年間，十大論師繼起，瑜伽行學派成為印度佛學的主流。而戒賢就是十大論師中主要人物護法的弟子，是瑜伽行學派的權威。玄奘在那爛陀寺前後五年，聽戒賢論師講《瑜伽師地論》三遍。《因明》、《聲明》、《集量》等論各二遍。《順正理論》、《顯揚》、《對法》各一遍。其他如《俱舍》、《婆娑》、《六足》、《阿毘曇》諸論，也重新以複習。此外對於梵文梵語也下過一番苦學的功夫，這對於他返國後譯經大有幫助。

　　當時那爛陀寺數千僧侶中，精通二十部經論的有一千人，精通三十部經論的有五百人，精通百部經律論的三藏法師應是十人，但在玄奘未到之前只有九人，尚缺一人未補。玄奘

到後不久，以其精通大小乘經典，被補為三藏法師。三藏法師，可以享受到僅次於住持戒賢的最高供養，如本身免去僧侶雜務，且分配「淨人」一名供其差遣，出門可以乘坐象車，飲食供應較一般僧侶為豐盛等。這足以說明玄奘在寺院中所受的尊敬。

在如此安定而優厚的生活條件下，玄奘心無旁騖，晨夕無輟的一意刻苦鑽研。幾年下來，他對於經典的解悟又到了一個新的境界。玄奘在那爛陀寺受學五年之後，學業告一段落時，稟明戒賢論師離開那爛陀寺，到各地去訪師參學。這一次參訪，歷時四年，展轉經過了數十個國家，足跡所到之處，隨時向當地的高僧大德請教。他聽說南方海中的僧伽羅國（即師子國，今之斯里蘭卡），盛行小乘佛教，決定去該國參訪。

他南行數千里，到了達羅毘荼國的都城建志補羅城。由此航行三日即到師子國，但此時師子國因國王駕崩發生內亂，僧侶們無法容身，紛紛逃到建志補羅城。玄奘和逃難僧侶中的幾位高僧接談，發現他們對法義上的解釋不過爾爾，並且師子國內亂，也不宜前往，於是打消師子國之行，轉向西印度參訪，最後又回到中印度摩揭陀國的那爛陀寺。

玄奘二次回到那爛陀寺，聞知杖林山的大居士勝軍論師，學貫內外，德學俱尊。早年曾從安慧論師學聲明之學，及大小乘論。又曾從戒賢論師學瑜伽論。此外對於婆羅門的聖典《四吠陀》，以及天文地理，醫方術數，無不通達。摩揭陀王

屢欲立為國師，勝軍堅辭不受。現在杖林山講學，道俗歸宗者，常過數百人。玄奘到杖林山依之受學，修習《唯識抉擇論》、《成無畏論》、《莊嚴經論》等論典，並就瑜伽、因明等學之有疑難者向他請教。過了二年，重回到那爛陀寺，受戒賢論師之囑，為寺眾講《攝大乘論》及《唯識抉擇論》。

五、曲女城大會

那爛陀寺是印度的佛學研究中心，學術風氣相當自由，一方面玄奘在講大乘有宗的唯識，另一方面有一位大乘空宗的師子光論師，同時也在講空宗的《中論》、《百論》。師子光門戶之見頗深，對有宗的瑜伽諸論百般攻擊。而玄奘對空、有二宗的理論都有深刻的了解，對師子光偏狹作風不以為然，同時也基於對真理的執著，曾數次前往詰問，師子光不能回答，學僧們漸漸散去，到玄奘座下聽講。師子光心中不服，玄奘亦感於古代大德的論典並不相違，而學者各人的見解有異，於是他以梵文寫了《會宗論》三千頌，這是融會空、有兩宗思想的論著，呈戒賢論師審閱，論師及諸大德莫不稱善，而師子光亦慚赧而去。

由於玄奘聲譽日隆，難免招人妒忌，這時有一個順世外道，自遠地前來挑戰。他寫了四十條義理，張貼在那爛陀寺門外，大言曰：「若有人能攻破吾論，吾當斬首以謝。」那順

世外道張貼出四十條義理，數日無人應戰。玄奘為護持正法，命淨人去撕破外道張貼的懸榜，約外道入寺，在戒賢論師及諸大德之前公開辯論，把對方的義理一一破斥。那外道辯敗，要依約自殺，玄奘說：「我佛慈悲，佛弟子從不殺人，你只隨我為奴，聽我差遣就是。」

先是，南印度有一個名叫般若鞠多的老婆羅門，曾為國王的灌頂師，聲譽卓著。他曾撰寫過〈破大乘論〉七百頌。後來流傳到中印度，小乘教徒認為此論可為小乘佛教出氣，就把此論獻給當時威加五印度的戒日王，聲稱：「小乘義理，大乘人難破一字。」戒日王不信，乃致書戒賢論師，請他派遣「善自他宗兼省內外」者四人——即是通達大小乘各宗，及教內教外各種學問的人前去辯論。戒賢論師挑選了包括玄奘在內的四個人去參加辯論。出發之前，玄奘想先了解一下般若鞠多〈破大乘論〉的內容，事有湊巧，被他收為奴隸的那位順世外道，曾聽過此論五遍之多。玄奘自此外道處了解〈破大乘論〉的基本觀點，然後以大乘教義，撰寫〈破惡見論〉一千六百頌，以破斥及糾正〈破大乘論〉的錯誤。論成後先呈戒賢過目，又請寺內眾大德閱覽，眾人一致讚歎。戒賢論師把〈破惡見論〉送到戒日王處，王讀後曰：「日光既出，則螢燭奪明；天雷震音，而錘鑿乃絕。」乃以之示小乘諸師，小乘師乃知難而退，不敢再提辯論之事了。

至此戒日王對這位大唐沙門玄奘三藏更為崇敬。他恐各地小乘外道，仍篤守固陋，執迷不悟，故特為玄奘在曲女城

舉辦一次盛大的無遮大會，以玄奘為論主，來辯論大小乘的優劣。當時印度是笈多王朝代，戒日王的地位，有如天下盟主，而事實上五印度是諸國林立，各有各的疆域和政府。戒日王為舉辦這次大法會，乃派遣使者，分赴各國，約請各國的各種宗教論師們全來參加。這法會經過了半年的籌備，在玄奘四十歲那一年的春天（貞觀十五年，西元六四一年），大會在曲女城揭幕。

　　到會的有五印度諸國的十八位國王，大小乘佛教中三千多位大德比丘，婆羅門教、耆那教等外道數千人，以及各地來觀禮的僧俗數萬人。大會開始，一頭身披珠寶纓絡的巨象，背負三尺多高的黃金釋尊像入場，戒日王扮為帝釋，迦摩縷波國的鳩摩羅王扮演大梵天王。前者手持寶蓋，後者手持白拂子，走在象的左右。二王及巨象之後是以玄奘為首的諸位高僧，乘象隨行。以後是各國的國王、大臣、高僧等，分乘三百頭大象前進。

　　抵達會場，黃金佛像由戒日王供入寶座，然後依次頂禮，以及戒日王對眾高僧布施的儀式。最後請論主大唐國玄奘三藏入座，為場中數萬人宣講大乘教義。同時把所講的抄本，「書於大施場門」。按當時的慣例宣示，若有能破一偈者，「當截舌以謝之」。如此經過十八天，大會終了，無人能破一偈，或更改一字。至此戒日王當眾宣布：「大唐國沙門玄奘三藏，闡揚大乘教義，破斥各種異說，十八天來，無人能加以辯駁，論主獲勝。」

　　會場中呼聲雷動，紛紛燒香、散花，對玄奘致敬。大乘佛教的僧人尊玄奘為「大乘天」——大乘的聖人。小乘佛教的僧人尊之為「解脫天」——解脫的聖人。這次曲女城大會，是玄奘大師聲譽的最高峰。大乘天之稱號，五印度道俗皆知。

六、學成歸國，譯經千卷

　　玄奘於唐太宗貞觀三年離開長安，到現在他年逾四十，離開長安已經十多年了。他當初西行的目的，是懷著「一睹明法了義真文，要返東華傳揚聖化」的理念。如今十多載訪師參學，訪遍了五印度的一流名師。他所到之處，蒐集大小乘經論，已集到了足夠的數量。這時他歸心日切，他向戒賢論師稟明回國的心願，謝絕了戒日王和無數道俗對他的一再挽留，攜帶著名滿五印度的聲譽，和他收集的經像舍利，啟程返國。首途之日，國王僧俗贈送的金錢禮物不計其數，玄奘一一辭謝，只接受鳩摩羅王所送的一條「昌剌」——一種用駱駝毛織成的披肩，有保暖及防雨的效果。當然，戒日王也為玄奘備下了象、馬、資糧，伕役侍從，以及致沿途各國照應護送的文書。

　　十多年前，玄奘由長安西行，因為沿途兼及巡禮遊覽，所以路線彎曲，耽擱時日。返回時的路線，多半「改彎取直」，以節省里程時日。他由中印度北行，經今之巴基斯坦及阿富

汗，到阿富汗與俄屬中亞細亞交界處，則轉越蔥嶺，開始一段他來時未走過的路程，循古來通西域的天山南路，向玉門關及河西走廊前進。返回的路線雖然縮短，但所經的波折與艱難，並不亞於西來之時。如經帕米爾高原、渡帕米爾河時，玄奘在《大唐西域記》中稱：「……寒風淒勁，春夏飛雪，晝夜飄雨……遂致空荒，絕無人止」。在新疆西境的疏勒遇到山賊，驚慌奔逃中，那頭負載經典的大象不幸落水而死，並損失了五十篋經書。

　　由疏勒往東南行走，沿塔里木盆地南線，經過幾個國家，於貞觀十八年抵達以產玉聞名的和闐國。和闐是西域諸國文化最高的國家，他們使用由梵文演化成的文字，信奉大乘佛教。和闐王也是虔誠的信徒，他迎得玄奘，對之優禮有加，一再挽留玄奘在和闐多停留一段時日。而此時的玄奘，也實在有「近鄉情怯」的感覺。他十六年前犯禁出關，多年來心中始終留有一道陰影。如今即將返抵國門，朝廷對此事是追究？他不能不停留下來，一來調整一下自己的情緒，二來先行上表朝廷，看看朝中對此事的反應。他在表章中敘述當年犯禁出關的苦衷，在印求法的經過。最後在表章中很技巧的寫道：「為大象溺死，經本眾多，未得鞍乘，以是少停，不獲奔馳，早謁軒陛，無任延仰之至。」

　　這道表章，差高昌人馬玄智送長安，而玄奘留在和闐，開講經論，等候回音。同時派人到龜茲國，去補抄大象落水時損失的經本。他在和闐國等候了七八個月，赴長安投送表

章的馬玄智，帶著太宗皇帝的敕書回來了。敕書上寫著：「聞
師不辭艱苦，訪道於萬里異域，今得遂願歸來，朕心歡無比，
可即速來與朕相見。朕已敕令沿途諸國，負責接待，人力鞍
乘，供應不得有誤。並令敦煌官吏，前往流沙迎接。」

　　接到敕書，玄奘的心境有如撥雲見日，豁然開朗的感覺。
他來不及等待到龜茲去抄錄經書的人回轉，馬上整裝上路，
向玉門關前進。歸途中經過流沙，雖然倍極艱苦，但既有隨
行的伕役，又有來迎的官員，較之十八年前穿越流沙之時，
一人一騎，缺水缺糧，不啻天壤之別。這時是貞觀十八年的
寒冬，玄奘聞知太宗皇帝將要親征高麗，他恐晚一步不及晉
見，所以沿途不再耽擱，加緊趕路，終於在貞觀十九年正月，
抵達了一別十七年的長安城。

　　這時太宗皇帝駐蹕洛陽，接待玄奘的任務，由西京留守，
左僕射梁國公房玄齡負責。玄奘進入長安城之日，京畿迎接
玄奘的道俗數十萬人，充塞於長安街市。玄奘所到之處，香
煙繚繞，梵唄悠揚，由朱雀橋到弘福寺數十里之間，萬頭躦
動，瞻仰去國十七年的玄奘三藏。

　　貞觀十九年二月，玄奘專程趕到洛陽陛見太宗皇帝。太
宗在儀鸞殿接見玄奘，對之慰勉有加。玄奘曾奏稱：「嵩嶽少
室之北，有少林寺，遠離塵俗，泉石清幽，為後魏孝文皇帝
所造，即菩提流支三藏譯經處。玄奘由西域請回經典六百餘
部，欲在彼處，為國翻譯，伏聽敕旨。」太宗皇帝答以：「西
京弘福寺，禪院幽雅，適於譯經，朕亦便就近請益。」

就這樣，玄奘回長安後，駐錫弘福寺，大開譯場譯經。玄奘西行求法，往返一十七年，行程五萬餘里，他途中「所聞所見，百有三十八國。」其中「親踐者一百一十國，傳聞者二十八國。」他所攜回的經典，計五百二十篋，六百五十七部，在以後十九年間，共譯出經論七十五部，一千三百三十五卷。其中除六百卷《大般若經》外，主要為無著、世親一系有關唯識學方面的經論，以此開創了我國大乘八宗之一的唯識宗。

唐高宗龍朔三年（六六三年），玄奘在玉華宮譯完六百卷《大般若經》之後，自覺體力衰竭，不再翻譯，專精修持。未久在玉華宮染病，自知不起，命弟子嘉尚錄出他一生譯經、寫經、供養、施捨等項的細目，為他宣讀一遍，他自感欣慰，即於麟德元年（六六四年）二月五日中夜圓寂，世壽六十五歲。

十二、弘揚唯識宗的窺基大師

窺基在奘師門下，號稱多聞第一。

他著述最多，造疏百部，時稱百部疏主，

而他的注疏，

很多是在奘師指導下完成的。

一、勳臣之裔，大師高弟

　　唐三藏玄奘大師，西遊印度十七年，攜回梵本經典五百二十篋，六百五十七部。歸國之後，奉詔譯經。十九年間，先後在弘福寺、慈恩寺、西明寺、玉華宮諸譯場中，譯出經論七十五部，一千三百三十五卷，其中有關法相唯識宗的經論，經如《解深密經》，論如《瑜伽師地論》，及以《瑜伽師地論》為本論的十支論：《顯揚聖教論》，《辯中邊論》，《大乘五蘊論》，《百法明門論》，《阿毘達摩雜集論》，《攝大乘論》，《大乘莊嚴論》，《唯識二十論》，《唯識三十頌》（另有《分別瑜伽論》未譯）；和糅和十家釋論的《成唯識論》等，由此開創出中土法相唯識宗的端緒。

　　法相宗因玄奘大師以開基，而繼承大師志業，發揚光大，大成此宗者，則為玄奘大師門下高足弟子、長安大慈恩寺的窺基大師。窺基是京兆長安（今陝西西安）人，俗姓尉遲，字道洪，系出北魏鮮卑族尉遲部。尉遲部在北魏的地位有如侯國。後來孝文帝遷都洛陽，提倡漢化，改部為氏，因此以尉遲為姓。尉遲氏在北魏歷代顯貴，北魏的平東將軍尉遲說，他的六世孫是尉遲孟都，孟都之子尉遲羅迦，在隋朝是代州鎮將，就是窺基的祖父。窺基的父親尉遲宗，在唐初官拜左金吾將軍、松州都督，封江由縣開國公。唐朝有名的勳臣鄂

國公尉遲恭（字敬德），就是窺基的伯父。

　　窺基出生於唐太宗貞觀六年（六三二年），他自小習儒術，長於文章。九歲喪母，幼年生活頗有孤寂之感，嘗自述曰「九歲丁艱，漸疏浮俗」，看來自幼就有出世之心。貞觀十九年（六四五年），玄奘大師自印度求法歸來，奉詔駐錫弘福寺譯經。奘師返國後，很注意物色穎悟子弟，以培養傳法人才。一日，偶然在路上遇到了年方十餘歲的窺基，見他眉目秀朗，器宇不凡。詢問之下，知道了他的身分，因而歎息著說：「將軍之種，果然不同凡俗。如果有緣度他為弟子，則未來法門有託了。」於是奘師安排時間，到長安北安里的將軍宅第，去拜訪窺基的父親尉遲宗將軍。奘師說明來意，婉勸尉遲宗令其子出家。

　　尉遲宗說：「小兒生性粗率，怎堪受教呢？」

　　奘師說：「此子的器度，非將軍不能生，非某不能識。」

　　尉遲宗在玄奘大師的勸勉下，就答應了奘師之請。但因窺基是勳臣之子，出家須經朝廷批准。這樣蹉跎數年，在貞觀二十二年（六四八年），窺基十七歲時，奉敕剃度出家，為玄奘大師的弟子。

　　初出家時的窺基，先住在弘福寺。未幾，隨奘師遷至慈恩寺，依師學習五天竺語言——梵文梵語，進步神速，人皆歎服。他誦讀經論，悟解力高，記憶力強，一覽無差，無須再讀。高宗永徽五年（六五四年），敕命度窺基為大僧。大僧，就是受過具足戒比丘的別稱，是年窺基二十三歲。兩年後（六

五六年），奉詔參加玄奘大師主持的譯場。《續高僧傳》本傳
上稱他：「通達大小乘經論三十餘種，留心於法義著述，殷勤
不懈。」這以後，他一直隨著玄奘大師在慈恩寺、西明寺、玉
華宮諸譯場，參加譯經工作。唐高宗麟德元年（六六四年）
玄奘大師在玉華宮譯場逝世，這一年窺基三十三歲，他十七
歲隨奘師出家，追隨了奘師十七年之久。

二、 參與譯場，成就豐碩

　　窺基二十五歲，奉詔參加玄奘大師譯場，至奘師逝世之
日止，前後為時九年。據《開元釋教錄》記載，奘師所譯的
經典中，由窺基擔任筆受的計有六種，即是《成唯識論》十
卷，《辯中邊論》三卷，《辯中邊論頌》一卷，《唯識二十論》
一卷，《異部宗輪論》一卷，《阿毘達摩界身足論》三卷。在
這六種譯述中，特別值得探討的，是《成唯識論》的翻譯。

　　印度唯識學的始創者世親論師，受他兄長無著論師的感
召，捨棄小乘而轉學大乘。他繼承無著的理論，完成唯識宗
的學說。他著《唯識二十頌》，說明「心外無境」的意義；作
《百法明門論》，闡述「一切法不離識」的意義。到了晚年，
撰寫《唯識三十頌》，這是集唯識學義理之大成的著作，也是
建立唯識宗的基本論典。但是在頌文完成之後，尚沒有寫出
《釋論》他就逝世了。

　　原來印度古人著作論典，是先作頌文，提綱攜領，總括全書要義；然後依頌作釋，名為長行，長行是論典的正文。而《唯識三十頌》一書，是世親論師晚年的作品，長行未作他就逝世了。後來唯識宗的理論成為大乘佛教的主流，研究《三十頌》的人很多，世親逝世後的百年之間，許多學者競為《三十頌》作《釋論》，其中最著名者有十位，世人稱為「十大論師」。十大論師的名字是：親勝、火辨、德慧、安慧、難陀、淨月、護法、勝友、勝子、智月。玄奘大師西遊印度時，把十家的《釋論》搜集齊全，攜歸國內。到唐高宗顯慶四年（六五九年），奘師開始翻譯此《釋論》時，原打算把十家注釋本各別翻譯出來，但是開始未久，窺基向奘師建議，將十家《釋論》糅合起來，成為一部，作出一定的解釋，以免後人閱讀各家之作而無所適從。窺基在《成唯識論述記》中，曾詳記此事的經過：

　　　　初功之際，十家別翻。昉、尚、光、基四人同
　　　　受潤飾、執筆、檢文、纂義，既為令範，務各
　　　　有司。

　　窺基是說：開始把十家《釋論》分譯時，玄奘大師的幾位得力弟子神昉、嘉尚、普光、窺基四人分工合作，各有所司。但數日之後，窺基請求退出這個翻譯小組。奘師問他要退出的原因，窺基提出參糅十家《釋論》為一本的意見。他

說：

　　……況群聖制作，各馳譽於五天；雖文具傳於
　　貝葉，而義不備於一本。情見各異，稟者無依。
　　況時漸人澆，命促惠夗，討支離而頗究，攬殊
　　旨而難悟，綜錯群言，以為一本，楷定真謬，
　　權衡盛則。

　　他的意思是說，十大論師，在五印度（東、南、西、北、
中五天竺）各有極高聲響；文字雖然書寫在貝葉上，而十家
注釋的意見並不一致，如果十家別譯，使後世讀此書的人無
所適從，不如參糅十家之作，合為一本，其中意見分歧之處，
折衷於一家之言，使後代學者有所依歸。並且他主張不宜眾
人合譯，由一人翻譯，則責任有所依歸。玄奘大師經過熟思
後，應允了窺基的請求，辭遣了神昉、嘉尚、普光三人，由
窺基一人獨任筆受。筆受，是在譯場聽受譯主口宣梵本，筆
受「翻譯梵音成為華言」，再以漢文筆錄下來的人。
　　窺基把十家的《釋論》，以護法的注釋本為主，加以抉擇，
重予組織。這種翻譯體裁是窺基獨創的。十家《釋論》中，
如有見解分歧之處，一以護法的意見為依歸。譯出來的就是
唯識宗的基本要典《成唯識論》。窺基既譯成十卷《成唯識論》，
接著又撰寫出《成唯識論述記》二十卷。《述記》這本書，是
窺基隨玄奘大師筆受《成唯識論》時，把大師對他的解釋，

隨時筆札記錄下來。《識論》完成，更撰此記。凡《識論》中
意義不盡之處，或他個人補充的意見，都可在此書中見到，
這相當於一本隨堂筆記。不過這本書素稱難讀，傳說清末狀
元夏同龢，初讀《成唯識論》，謂有如月下看花，再讀《述記》，
如墮五里霧中。所以學者若不是專業研究，莫不半途而廢，
很少有人能讀完全書的。

　　除了以上的兩部巨著外，此後他又撰成《成唯識論掌中
樞要》、《成唯識論料簡》、《成唯識論別鈔》、《二十唯識論述
記》、《大乘法苑義林章》等一系列法相唯識的著作，全力弘
揚唯識論典，所以說他是大成唯識宗的人。

　　玄奘大師在譯經院的習慣，是每日黃昏前的一段時間，
為弟子們講解新譯出的經論。這時「譯僚僧伍競造文疏，筆
記玄章並行於世」。於是奘師在印度所學的微言大義，就是以
這種方式傳授給弟子們了。而隨侍奘師身側的，以普光、窺
基等受益最多。窺基在奘師門下，號稱多聞第一。他著述最
多，造疏百部，時稱百部疏主，而他的注疏，很多是在奘師
指導下完成的。例如他在〈成唯識論述記自序〉中說：「凡茲
纂敘，備受指麾」。在〈二十唯識論述記自序〉中亦說：「我
師不以庸愚，命旌厥趣，隨翻受旨，編願述記。」

　　《成唯識論》十卷，譯出之時為顯慶四年。在此之前，
奘師譯經，筆受一職，多由普光、嘉尚擔任，窺基未嘗執筆
受之役。而《成唯識論》譯出以後，奘師逝世之前，又譯書
十一部，其中由窺基任筆受者四次，可見《成唯識論》譯出

之後，窺基日受到獎師的重視。

三、三車和尚，不足憑信

《宋高僧傳》窺基本傳中，記載有一些荒誕不經的傳說，如「三車和尚」這件事就是其中之一。傳中說：窺基出家時，他父親已經答應，而窺基強拒。他父親對他勸勉再三，他始勉強答應，但提出了三個條件：一者不斷情欲，二者不素食，三者不持過午不食戒。玄奘大師想「先以欲勾牽，後令入佛智」，就答應了。於是窺基出家後，出門時恆以三車自隨，第一乘車載著經論箱帙，第二乘車自載，第三乘車載著家妓女僕食饌等，故京師中人稱他為三車和尚。甚至於窺基到中年以後，赴太原傳法，仍以三車自隨。本傳中說：「路間遇一老父，問乘何人？對曰家屬。父曰，知法甚精，攜家屬偕，恐不稱教。基聞之頓悟前非翛然獨往。老人則文殊菩薩也。」

這一段傳說，頗有其不近情理之處。窺基是勳臣之裔，他的出家，是鄂國公尉遲敬德，江由縣公尉遲宗聯名上奏，貞觀皇帝特降恩旨，准其捨家從釋。在這種情況下出家，一個年方一十七歲，知書達理的釋子，豈會有這種悖逆行為，以三車自隨之理？所以本傳中這一段記載，實屬畫蛇添足。

玄奘大師逝世後，譯經事業中輟，窺基由玉華宮譯場重回大慈恩寺，專事著述。後來他曾有一段時間，往山西北邊

的代北之地——鮮卑族北魏的發祥之地遊歷，又嘗遊五臺山，登太行。他遊五台山時，曾在山上造玉石文殊菩薩像，寫金字《般若經》，遊覽事畢，又回到長安大慈恩寺。

　　唐高宗永淳元年（六八二年）冬月，窺基在慈恩寺翻經院示疾，十一月十三日示寂，年僅五十一歲，葬於樊村北渠，靠近玄奘大師的塋隴處。後來於文宗太和四年（八三〇年），啟塔荼毗，遷葬於平原新塔。

　　窺基著作十分豐富，後世有百部疏主之稱。他的著作有名錄可查的為四十三部，現存於世者二十八部。而其中唯識宗的著作，為《辯中邊論述記》三卷，《百法論玄贊》一卷，《阿毘達摩雜集記述記》十卷，《瑜伽略纂》十六卷，《二十唯識論述記》二卷，《成唯識論述記》二十卷，《成唯識論掌中樞要》四卷，《成唯識論別鈔》七卷，《大乘法苑義林章》七卷，《因明入正理論疏》六卷。窺基全面繼承了玄奘的唯識學說，進一步闡述與弘揚，唯識宗的規模至此大備。因為窺基在慈恩寺弘傳此宗，所以唯識宗又有慈恩宗之名。

四、唯識要義，識外無境

　　唯識一語，梵語 Vijnapti-matrata，音譯毘若底摩坦喇多，梵語倒置，稱為識唯，漢地譯為唯識。識是什麼？識是心的別名，所謂唯識，就是簡去心外諸法，擇取識心。這是遮簡

迷情的識外實我實法，表顯內界識心的真性法相。換句話說，唯識宗立論，以我人心識之外的一切現象，全是由我人心識自體所變現而來的，也就是由阿賴耶識中的種子生起現行而有的，所以除心識之外，一切現象皆沒有實在性。因此說「唯識無境」；或自萬有現象自識生起一面來說，則稱為「唯識所變」。

關於識變，這是唯識宗獨特的微妙理論。此又分為因能變與果能變，因能變，是種子生起八識之變；果能變，是各各識體上生起相、見二分之變。相分是世間萬法的相狀，見分是心識的緣慮作用，也就是主觀的能認識的識體。以此主觀的能認識的識體，去認識世間萬法的相狀，因此才有所謂宇宙人生。

再者，主觀的能認識的識體（心識），有八種不同的作用，此稱為「八識心王」，即是眼、耳、鼻、舌、身、意、末那、阿賴耶八種識。此八種識，前六種的眼、耳、鼻、舌、身五識，是五種感覺器官，它的作用是緣慮色、聲、香、味、觸五境。第六意識就是我們這一顆思想、感受、造作、意志的心。第六意識之後還有第七末那識、第八阿賴耶識，都屬於潛意識的範圍。第七末那識執著自我，是自我意識的中心；第八阿賴耶識儲藏萬法種子，宇宙萬法皆由此種子生起，所以是宇宙萬法的本源。

八識各有緣慮的對象，其所緣的對象稱為「境」。玄奘大師從性質上把境分為三種，就是性境、帶質境、獨影境。性

境就是現前的實境，是實種（色法種子）所生，當前真實的存在。帶質境是此境有其本質（色法種子所生），而為心識所錯誤認知的。此如第七識的見分，緣第八識的見分（以第八識的見分為其相分），誤認為是自我，這是一種錯誤的認知，此稱為帶質境。獨影境，是沒有本質的虛幻影像，是我人能緣之心的虛妄分別，幻想出的影子。如第六識的虛妄分別、想像出龜毛、兔角，或暗處有鬼的幻影。獨影境不是色法實種所生，而是第六識見分的一部分。

　　此外，「三性」也是唯識宗的基本學說。義淨撰《南海寄歸內法傳》有云：「相宗以三性為宗」。三性又名三自性，即是遍計所執性、依他起性、圓成實性。此三自性，為唯識宗一切法義的根本。在三自性中，是以依他起性為中心。因為世間一切現象（包括生命界一切眾生），都是仗因托緣而生起的，我們在此因緣和合的假相上，若執著計較，認為一切都是真實的（實我、實法），就是遍計所執性；我們在依他起的假相上，正確認識一切現象都是因緣生起，「緣起性空」，一切現象都沒有其真實的本質，這就是圓成實性。

　　若換一個方式表達，遍計所執性，是我人在依他起法上假立名相而起的。這本是情識上的妄有，而我們於此假立名相上執著計較，這就是遍計所執性。依他起性，以諸法都是因緣（眾多因條件）和合而有的，如以水、土和泥而成瓶缽，這是因緣和合的假有，本身沒有體性，所以是依他（因緣）起性。圓成實性，是依他起諸法的體性，具有圓滿、成就、

實性三義，也就是真如實性。三性為唯識宗立論的根本，唯
識宗以一切不離心為義，《成唯識論》上說：「三種自性，皆
不離心、心所法。謂心、心所及所變現，眾緣生故，如幻事
等非有似有，誑惑愚夫，一切皆名依他起性；愚夫於此橫執
我法、有無、一異、俱不俱等，如空華等性相都無，一切皆
名遍計所執；依他起上，彼所妄執我、法俱空，此空所顯識
等真性名圓成實。是故此三不離心等。」

十三、傳譯有部律的義淨大師

義淨西行求法之初，

他有兩個目的，

一個是專注於訪求律本，

二者是志在於譯出並加以弘傳。

一、譯經史上的四大譯經家

　　創立自印度的佛教，於我國兩漢交替之際傳入中土，兩千年來，中國佛教的譯經史上，列名可考的中外譯經師有二百六十四人。在這兩百多位譯經師中，出類拔萃者，有所謂「四大譯經家」的名稱。這四位頂尖的譯經師是誰呢？第一位是姚秦時代的鳩摩羅什大師，第二位是南北朝後期的真諦三藏，第三位唐代的玄奘三藏，第四位是稍晚於玄奘三藏的義淨大師。關於前三位譯經大師，本書中各有專文介紹，此處不贅，現在把尚未介紹的義淨大師，細述其生平及志業如下。

　　義淨俗家姓張，名文明，唐代齊州（今山東歷城）人，唐太宗貞觀九年（六三五年）出生。他十四歲出家，廣讀經論，手不釋卷，勤奮無比。此後歷參佛學名家，增長見聞。十八歲的時候，仰慕法顯、玄奘二位大師西行求法的壯舉，也立志要到印度遊學求法。在他受了具足戒之後，對律學的研究發生了濃厚的興趣，乃開始學習道宣、法礪等大師的律部文疏，為時達五年之久。後來又在東都洛陽參學，學習《集論》、《攝論》；以後又到西京長安，學習《俱舍論》和玄奘一系的唯識宗義。如此到了唐高宗咸亨元年（六七〇年），他已經三十六歲了，他決心西行求法。

二、奮力孤行，天竺求法

　　唐高宗咸亨元年（六七○年），義淨在長安與同學處一、弘褘兩個人，相約一同赴印度求法。他們細讀法顯所著的《佛國記》，和玄奘撰述的《大唐西域記》，考慮到為了避開陸路的艱險，準備由海路西行。走海路要到南方去坐船，因此打算由長安南下，第一目的地先到揚州。但到要由長安啟程的時候，處一變了主意，不願意去了。義淨只好和弘褘結伴南行。但弘褘也只陪他走到江寧，就心生悔意，退縮不去了。

　　這時義淨立志西行，決不退轉，他一個人繼續前進。走到丹陽的時候，遇到一位名叫玄逵的出家人，二人同行到了揚州。這時已到了咸亨二年（六七一年）的夏天，二人在揚州結夏安居。

　　在揚州期間，遇到了一位將赴龔州（今廣西平南縣）上任的州官馮孝銓，馮孝銓是一位虔誠的信佛居士，相談之下，願意與義淨、玄逵結伴同行，一行人由揚州乘船，經潯陽（今江西九江）到了番禺（廣州）。在番禺又遇到了一些有志西行求法的人，大家相約結伴同走，但到要登船的時候，那些人躊躇不前，全不去了；連由揚州同來的玄逵也不去了。只有義淨不改初衷，奮力孤行。這時隨他同行的，還有他一個名叫善行的弟子。在廣州時，曾得到馮孝銓的一些資助，使他

行囊的旅費寬裕了一些。他在廣州搭上波斯商人的商船，於咸亨二年（六七一年）的十一月出海西行。船在海上航行了二十多天，到一處名叫室利佛逝的地方，因為他的弟子善行生病，他不得已扶持著生病的善行，在室利佛逝登岸停留下來。

善行一病數月，為了照顧善行養病，義淨在室利佛逝滯留了半年之久。不過在此期間，他藉機向當地人士學習天竺語文，也頗有進步。半年之後，善行的病體好了一點了，義淨要他乘船返回中國，自己一個人獨自前進。他由室利佛逝搭上商船，於翌年（六七二年）二月，到達了東印度的耽摩梨底國。登岸後遇到了一位大唐國僧人大乘燈。大乘燈先到此地已經數年，通達天竺語言，也了解當地習俗。在舉目無親的異國，遇到了本國的同胞，總是可喜的事。於是義淨也在耽摩梨底國住下來，繼續學習當地的語言文字。在耽摩梨底國住了一年多，語文方面有很大的進步，他和大乘燈隨著商旅的隊伍前往中印度、北印度朝禮聖跡。

他們由東印度出發，經中印度到北印度，途中遊歷過三十多個國家。在北印度所朝聖過的佛陀聖跡，有佛陀的祖國迦毘羅衛，佛陀的出生地藍毘尼園，涅槃處的拘尸那城，初轉法輪度化五比丘的鹿野苑，以及講經說法處的祇園精舍；在中印度王舍城的時候，他朝禮了佛陀說法處的靈鷲山、竹林精舍，佛陀修行處的尼連禪河，證道處的菩提迦耶。最後，他住進了五印度的佛學中心那爛陀寺。

　　那爛陀寺，梵名 Nalanda，又作那蘭陀寺。意譯施無厭寺。它的全名是那爛陀僧伽藍 (Nalanda samgharama)。位於中印度摩揭陀國王舍城北方 （其地即今拉查基爾北方約十公里處）。這是西元五世紀初，笈多王朝的帝日王，為北印度的曷羅社槃社比丘建立的寺院，以後歷代屢加擴建，遂成為古印度規模宏大的佛寺，及佛學研究的最高學府。在義淨進入那爛陀寺前的三十多年，是玄奘大師留學印度的時候，他也在那爛陀寺依戒賢論師為師，學習《瑜伽師地論》、《唯識三十論》、《唯識二十論》等瑜伽行學派的論典，前後五年。據《大慈恩寺三藏法師傳》卷三所載，那爛陀寺在西元七世紀的時候，是印度的第一大寺院，寺中僧徒常達萬人，修學大乘及小乘十八部、吠陀、因明、聲明、醫方、術數等學科。因為該寺最早是唯識學派的弘揚中心，所以著名的唯識學者如護法、德慧、護月、堅慧、光友、勝友、智月、戒賢、智光等人，都曾先後在此或講學，或擔任該寺住持。

　　義淨在那爛陀寺留學的年代，大約在西元六七六到六八七年這段時間內。他在寺中依有名的大德寶師子等，修學《中觀》、《瑜伽》、《因明》、和《阿毘曇學》等經典。他在那爛陀寺住了十一年，除了研究經典外，他和一位道琳法師，多次到壇場參觀傳戒過程，詳細記錄其三壇軌範。

三、歸途滯留室利佛逝

　　義淨在印度參學，歷經三十餘國，又在那爛陀寺學習十一年，在此十多年的時間內，他也蒐集到了將近四百部的梵本經典，其中以「小乘有部」的律藏為多。這時他的目的已達，滿載而歸，乃於武則天垂拱三年（六八七年），離開印度仍由海路回國。他十多年前來印度的時候，曾在室利佛逝住了半年，留下了極為深刻的印象，認為那是一處可以安心修行及做學問的地方，所以歸途中仍由室利佛逝下船，住下來著書譯經。

　　室利佛逝，梵名 Criboja，又稱尸利弗逝。地當現在印度尼西亞蘇門答臘島的東部，這個地方自南北朝末年到唐宋時代，佛教都十分昌隆。在義淨西行的時候，這裡是末羅瑜國(Malaya) 的首都。熱帶風光，人情淳厚，義淨對之印象極佳，所以歸途中他再度停留下來，在該地整理他蒐集得的幾百部梵本經典，也撰寫他近二十年的所見所聞。他在室利佛逝的第二年，譯經用的紙墨文具用完了，在當地買不到。同時在當地也找不到譯經的助手，他乃於唐永昌元年（六八九年）七月，搭上順風的商船回到廣州，採購紙墨文具，並約請譯經助手。經由廣州僧侶的推薦，他請到貞固律師、大津禪師、以及道宏、法朗二師，及貞固的弟子孟懷素、孟懷業等六個

人，一同到室利佛逝相助。是年十一月，他們一行人帶著大批紙墨用具回到了室利佛逝。

　　貞固律師俗姓孟，鄭地滎川人（今河南鄭州之西的滎陽），十四歲出家，中年往師子國（今之斯里蘭卡）頂禮佛牙及瞻禮聖跡，回國後就住在廣州。嗣以義淨回到廣州相邀，貞固應允同行。六年之後，他與義淨一同回國，仍留在廣州。還有一位道宏法師，是汴州人（河南開封），幼年隨父出家，後來遊方參學到了廣州。道宏的書讀得很好，通達老莊，還工於書法，草書隸書皆有可觀。他二十二歲隨著義淨到了室利佛逝，也對律藏發生了興趣，隨著義淨譯經，隨譯隨寫。到義淨回國的時候，又隨義淨回到廣州。

　　義淨在室利佛逝著書譯經，因為有了助手，工作進度加快。他自己譯經，助手幫他補抄梵本。這樣到了唐天授二年（六九一年），他派遣大津禪師回國，把他在室利佛逝譯出的經典，和他撰寫的《南海寄歸內法傳》等著作先送到洛陽。又過了數年，義淨已經六十歲了，他動了鄉思，結束了室利佛逝的工作，準備回國。在回國前得到一個不幸的消息，數年前同他們到室利佛逝的法朗師，出國時年方二十四歲，到室利佛逝後，學習經典及梵文，三年之後，梵文通達，擔任抄寫工作。但他不耐抄經的辛勞，獨自離開譯經所在，流落到訶陵國（爪哇），於這年夏天不幸病逝。義淨等人聞訊，大家都十分難過。

四、《南海寄歸內法傳》

　　義淨在室利佛逝六年，除了整理梵本經典及譯經外，還撰寫了《南海寄歸內法傳》四卷、《大唐西域求法高僧傳》二卷，以及律儀方面的著作《別說罪要行法》、《受用三水要法》、《護命放生軌儀法》等。其中特別要介紹的，是《大唐南海寄歸內法傳》這本書。此書略稱《南海寄歸傳》，顧名思義，這是他在南海（室利佛逝）所撰，寄回國內的一部書。此書內容，是以他在印度、南海諸國所見所聞，有關當時教團的組織、戒律的行持等重要資料，撰寫成書。他在此書的序文中，也敘述了當時部派佛教與大乘教團分布的情形。

　　當時印度的部派佛教，有小乘說一切有部、正量部、大眾部及上座部等根本四部；說到大乘佛教時，他說：「所云大乘，無過二種，一則中觀，二乃瑜伽，中觀則俗有真空，體虛如幻。瑜伽則無內有，事皆唯識。」言簡意賅，說明了兩派的宗旨。書中除了序文中是概述印度、南海諸國佛教的情形外，在本書四十章的內文中，全是當時戒律方面的行持，由以下章目的名稱，便可窺知其內容。例如：破夏非小、對尊之儀、師資（師徒）之道、客舊相遇、食坐小牀、朝嚼齒木、受齋赴請、著衣法式、受戒軌則、燒身不合等等，名目繁多，不能一一列舉。《南海寄歸內法傳》這部書，與法顯的《佛國

記》、玄奘的《大唐西域記》，同為研究印度佛教的寶貴資料。

　　武周證聖元年（六九五年），義淨偕同貞固、道宏等師，離開室利佛逝由海路回國。他是唐高宗咸亨二年（六七一年）由廣州乘船出國的，而今返回之日，已經歷時二十四年之久。出國之年他三十七歲，而回國時已是年逾花甲的暮年。他帶回了自印度求得的梵本經典近四百部，合計約五十萬頌、金剛座佛像一尊、佛陀舍利三百粒。抵達廣州後，他先拜表奏報朝廷，說明他出國求法的經過。當時的唐室政府，已被武則天改為大周皇朝，武則天一向駐蹕東都，所以義淨一行人抵廣州後，於翌年五月，北上洛陽。一行人到得東都，受到朝野人士熱烈的歡迎。大周證聖皇帝武則天親自迎接於上東門之外，緇素二眾傾城而出，東京各寺院的幡蓋音樂前導，迎請義淨到事先為他安置佛授記寺駐錫。

　　早在東晉末年，法顯自印度搭商船回國，在海上遇到大風暴雨，驚險萬狀。他原要回廣州，竟被海風漂流到青州（山東即墨境）；而義淨在海上往返，何以竟平安無事呢？一來由法顯到義淨，事隔近三百年，航海術有了很大的進步；二來海上遇到風雨，也只有歸之於各人的因緣了。

五、義淨的譯經成果

　　義淨西行求法之初，他有兩個目的，一個是專注於訪求

律本，二者是志在於譯出並加以弘傳。所以他在那爛陀寺參學的時候，就已經試譯過《根本說一切有部毘奈耶頌》的律典。他回到洛陽之後，奉敕住在佛授記寺，本來打算開始翻譯律藏，但這時于闐國沙門實叉難陀，帶著八十卷《華嚴經》梵本來到洛陽，敕命於東都大內遍空寺翻譯，並命義淨和天竺沙門菩提流支也參加遍空寺譯場，協助實叉難陀翻譯《華嚴經》。實叉難陀與菩提流支、義淨三人同宣梵本，參加筆受、證義有圓測、復禮、法藏、弘景、神英、法賢等人。至武周聖曆二年（六九九年），八十卷的《大方廣佛華嚴經》翻譯完成。

到武周久視元年（七〇〇年）以後，義淨先後在洛陽、長安組織譯場，自己主持譯經事業。他早在中印度試譯過《根本說一切有部毘奈耶頌》，及《一百五十讚佛頌》，後來在南海室利佛逝續有翻譯。此時他自己主持譯場，他就有計畫的翻譯他自印度帶回的經典，而重點仍在於說一切有部的律典。義淨所翻譯的經典，可以分做三個階段來敘述。從武周久視元年到長安四年（七〇〇至七〇三年）的數年間，他在洛陽福先寺及長安西明寺，譯出了《金光明最勝王經》十卷、《根本說一切有部毘奈耶》五十卷、《掌中論》及其他經典，合計二十部，一百一十五卷。大周女皇帝武則天，特為這些譯作撰寫了一篇〈聖教序〉。

此後，自唐中宗神龍元年到景龍三年（七〇四至七〇九年）的數年間，他在洛陽大內道場、福先寺及長安大薦福寺

翻經院，譯出了《大孔雀咒王經》、《根本說一切有部苾芻尼毘奈耶》，及《成唯識寶生論》等經、律、論典二十四部，九十四卷。唐中宗皇帝李顯，為這些譯作寫了一篇〈大唐龍興三藏聖教序〉。最後一個階段，是自唐睿宗景雲二年至唐玄宗開元元年（七一一至七一三年），在長安大薦福寺翻經院，譯出《稱讚如來功德神咒經》、《能斷金剛論頌》及《能斷金剛論頌釋》等共十二部，二十一卷。

　　義淨的譯述為數雖多，但實是以律藏為主，尤其是《根本說一切有部毘奈耶》占了一大半。所以中國律藏的完備，義淨有很大的貢獻。義淨之譯述律藏，早在那爛陀寺參學時即已著手，後來在室利佛逝續有翻譯。其中關於《根本說一切有部毘奈耶十七事》，原來已全部譯出，中間曾經散佚，後來重事搜集，補譯得出家、安居、隨意、皮革、羯恥那衣、破僧、藥事等七事四十七卷，其餘十事終於未能補全。他除了廣譯律藏典籍外，在那爛陀寺時學習過瑜伽、因明之學，所以他也譯出了一部分唯識、因明方面的論典。如無著、世親的《金剛般若經頌》、《金剛般若經論釋》；陳那的《集量》、《觀總相論頌》；護法的《成唯識寶生論》、《觀所緣論釋》等，這些都是玄奘翻譯時所未及譯出的。

　　當時大乘八宗之一的密宗已經成立，社會上崇尚密教的風氣很盛，義淨自印度攜回的梵本經篋中也有密教經典，他曾重譯出《金光明最勝王經》十卷、《佛說大孔雀咒王經》三卷，以及許多種陀羅尼經。義淨所主持的長安大薦福寺翻經

院中，可說是名僧雲集，人才濟濟，如擔任筆受的有沙門波
侖、復禮；擔任證義的有沙門法寶、法藏；擔任證梵的有北
印度沙門何爾真那、吐火羅避達摩末摩，中印度沙門拔弩，
罽賓沙門達摩難陀，以及槃度、慧積等，擔任證譯的有東印
度的居士瞿曇金剛，迦涅彌羅王子阿順。此外，擔任譯場監
護的有成均太學助教許觀，祕書監楊慎交；參加潤文的有崔
湜、盧粲、韋嗣立、張說等，都是一時名流，由此也可看出
大薦福寺翻經院譯經的水平。

　　唐玄宗開元元年（七一三年），義淨在長安逝世，春秋七
十有九。義淨示寂，朝廷以他翻譯經典，功在國家，他的葬
事由官方派員辦理，建塔於東都洛陽的龍門山之北。義淨的
譯述雖遍及三藏，但他的行持仍是專攻律部。他於譯事之暇，
即為生徒講授日常重要的律儀，如漉囊護生、淨瓶滌穢等，
為僧界樹立新範，學僧傳習，遍於兩京。

十四、禪宗的革命者慧能大師

第二天五祖到碓房中，問慧能說：「米熟了嗎?」

慧能說：「老早熟了，還欠篩一遍。」

他們兩位說的全是一語雙關的話，

五祖表面問米，實際是問慧能修持功夫成熟了沒有。

慧能當然知道五祖的言外之意，

所以他回答：老早熟了，還欠印證一下。

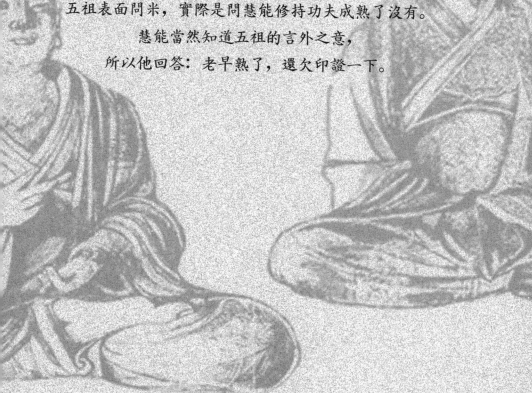

一、人雖有南北，佛性無南北

「人雖有南北，佛性無南北」，是六祖慧能的名言。慧能又作惠能，是禪宗的第六代祖師，通常稱為六祖慧能。禪宗又稱佛心宗，亦稱達摩宗，係指以菩提達摩為初祖，探究心性本源，以期「見性成佛」的大乘宗派。南北朝時代，達摩祖師自印度來到中國，傳授禪定之學。本來禪定兼含天台、三論二宗，而不限於達摩一系的禪定，但自唐代中葉以後，達摩一系的禪宗一枝獨盛，禪定遂專指達摩宗而言了。

在印度，禪定是各宗派修行的基礎，所以只有「禪」而無「禪宗」。禪宗是在中國創立的宗派，並且，在禪宗興盛的宋代，禪宗史籍中也出現了西天二十八祖的傳承。據說是釋迦牟尼世尊，在靈山會上拈花、迦葉微笑為其濫觴。此說雖然沒有史實根據，但為強調六祖慧能以來的禪，是「以心傳心」、「教外別傳」，故特重此迦葉付法相承的傳說。迦葉以後，經阿難、商那和修、優婆鞠多……等，到菩提達摩，是本宗西天的二十八祖。菩提達摩於南北朝時代來到中國，弘傳禪學，他又具備了我國禪宗初祖的身分。

由達摩傳二祖慧可，慧可傳三祖僧璨，僧璨傳四祖道信，至此本宗漸盛。道信之下有弘忍、法融兩位傑出弟子。法融之下有智儼、慧方、法持等，這一法系以住於金陵牛頭山的

緣故，後世稱為「牛頭禪」，以「欲得心淨，無心用功」為其
要旨；弘忍受得四祖法衣，是為五祖。弘忍是蘄州（湖北蘄
春）黃梅人，俗姓周。七歲時於蘄州黃梅山東禪寺，依四祖
道信出家，修學禪定，得道信心傳。唐高宗永徽二年（六五
一年）五十一歲時，道信大師入寂，弘忍繼承師席，世稱「五
祖弘忍」。五祖仍在黃梅山東禪寺，闡揚《金剛般若經》的奧
旨。

　　五祖出家及弘化的道場東禪寺，在湖北黃梅縣西南數里
處，又稱蓮華寺。四祖入寂後，五祖繼主法席，門下僧眾達
到七百多人。一日，遠方來了一個三十多歲的漢子，到東禪
寺禮參五祖。　五祖問他：「你是哪裡人？　來此可有什麼要求
麼？」

　　那漢子答曰：「弟子是嶺南（今廣東）新州百姓，遠來禮
師，惟求作佛，不求餘物。」

　　五祖說：「你是嶺南人，又是獦獠（獦獠，獦為獸名，是
一種短啄犬；獠是西南夷，獦獠合講，是南蠻子的意思），如
何能作佛呢？」

　　那漢子回答：「人雖有南北，佛性無南北；獦獠身雖與和
尚（和尚是對五祖的尊稱）不同，但佛性又有何差別呢？」

　　五祖一聽，心中感到驚奇，欲待和他多談談，但見很多
弟子都在左右，不便多說，就囑咐他：「好了，你先到後院作
雜務去吧。」

　　那漢子到了後院，有人分配他做劈柴踏碓的工作。

　　慧能辭別五祖時，他還說了一段話：「慧能啟稟和尚，弟子自心常生智慧，不離自性，即是福田，未審和尚教作何務？」

　　五祖說：「你這個獦子根性大利，不必多說了，到後面去吧！」

　　這個漢子是誰呢？他就是後來開創中國化佛教禪宗的六祖慧能。

二、諸佛妙理，不關文字

　　慧能，俗姓盧，先世是范陽（今河北省涿縣）人，他的父親盧行滔，在唐初武德年間，謫官至嶺南新州（今廣東新興縣東），貞觀十二年（六三八年）生了慧能，遂為廣東新州人。慧能幼年喪父，他因為家境貧困，靠賣柴以養母。有一天，在市中賣柴的時候，一位買柴的客人要他把柴送到客店中，慧能收了錢要走的時候，聽到店中有人誦經。慧能一聽所誦的經文，心中頗有領會，便問誦經的客人所誦何經？客人答稱：《金剛經》。再問此經自何處得來，客人說：「我從蘄州黃梅縣東禪寺而來。五祖弘忍在東禪寺弘化，門下有弟子千餘，我到寺中禮拜，從禪師受持此經。禪師常勸導僧俗，但持《金剛經》，即能見到本來的自性，直接成佛。」

　　慧能聽客人所說，遂啟發了他尋師學道之心。

　　《六祖壇經》中說慧能不識字，未必是一字不識，可能

是讀書不多，識字有限；其實這也隱含著對專依經典權威的一種否定。唐高宗咸亨元年（六七〇年），慧能把母親安頓妥當後，即由新州北行出外訪師學道。他到了韶州曹溪，遇到當地村人劉志略，劉引其出家的姑母無盡藏尼師和慧能相見，無盡藏尼持《涅槃經》來問字。慧能說：「我雖不識字，但還了解其義。」

無盡藏尼說：「既不識字，如何能了解其意義呢？」

慧能說：「諸佛的妙理，無關乎文字。」

無盡藏尼聽到慧能的話，深為驚異，遂遍告鄉中耆老，大家都來向慧能致敬，並請他住在當地的寶林古寺，稱他為盧行者。行者二字，有多種不同的解釋，一者泛指佛教中一般修行的人，稱為行人、修行人。二者在禪林中，泛指未出家而住於寺內幫忙雜務者，此有剃髮者，亦有未剃髮而攜家帶眷者。《釋氏要覽》、《善見律毘婆沙》中對此各有解釋。本文中所稱的「盧行者」，似乎是指前者而言。

慧能在寶林寺住了不久，又至樂昌西的石窟，從智遠禪師學禪，智遠勸他到黃梅東禪寺去從五祖弘忍受學。慧能於咸亨三年（六七二年），到了黃梅東山的東禪寺，而有與五祖「人雖有南北，佛性無南北」的那一段對話。慧能到黃梅參禮五祖之年，已經三十五歲。

三、菩提本無樹，明鏡亦非臺

　　慧能在東禪寺的碓房中，踏碓劈柴，經過了八個月的時間。一日，五祖弘忍忽然來到碓房，對他說：「你先前說的話，很有見地，當時我怕有惡人害你，就不與你多談，你知道嗎？」

　　慧能說：「弟子知道師父的意思，所以才不到前堂去。」

　　當時東禪寺的禪眾有七百多人。有一天，五祖為了考驗大眾對於禪學領悟的程度，準備傳以法衣，乃召集大眾全體來到禪堂，對眾人說：「世人生死事大，你們終日只求福田，不求脫離生死苦海。本性若迷，福何可救？你們各人用智慧作一首偈子呈上來給我看，如果誰能悟得大意，就付給法衣，繼為第六代祖。」

　　眾人退出，大家互相討論，都說：我們不必作什麼偈子了，神秀上座是我們的教授師，傳授法衣，必是他得，我們不必白費力氣了。這時神秀思量，大家都不作，我身為教授師的不能不作。我若不呈偈頌，和尚（五祖）如何知我見解深淺？於是他即作了偈頌，數度想去呈給五祖，每到堂前，就感到心中恍惚，遍身出汗。他幾次都沒有把偈子呈給五祖，心想：我不如把偈子寫在走廊下，和尚（五祖）看見時，如果說好，我就出來禮拜，說是我作；若說不堪一看，我枉在此數年，受人禮拜，還修什麼道呢？」於是在夜間三更，不使

人知道，自己執燈，在廊下壁上寫一首偈子：

身是菩提樹，心如明鏡臺，
時時勤拂拭，勿使惹塵埃。

第二天，全寺的人都在傳誦這首偈子。五祖看後，對大眾說：後世如能依此修行，亦得殊勝之果，並勸大眾習誦。

過了兩天，有一個童子經過碓房，唱著神秀的偈子，慧能一聽，便知道此偈未見本性，他求童子帶他到前院廊下看看。慧能到得前院廊下，對那童子說：「我不識字，你幫我讀一遍好嗎?」適有一位張別駕也在廊下，便高聲把偈子念了一遍。慧能聽了就說：「我也有一偈，請你幫我寫在壁上。」張別駕說：「你不識字，怎會作偈呢?」慧能說：「要學最上菩提道，不要輕慢初學人。」張別駕說：「好吧! 你誦出來我幫你寫。」慧能誦偈曰：

菩提本無樹，明鏡亦非臺；
本來無一物，何處惹塵埃。

偈子寫出來，寺中眾人見了，有人驚訝，有人讚美。這時驚動了五祖弘忍，他也到廊下觀看。他不動聲色的用鞋底把偈子擦掉，說：「平常得很，也沒有見性。」眾人見五祖如此說，皆以為然，也就散了。

第二天五祖到碓房中，問慧能說：「米熟了嗎?」

慧能說：「老早熟了，還欠篩一遍。」

他們兩位說的全是一語雙關的話，五祖表面問米，實際是問慧能修持功夫成熟了沒有。慧能當然知道五祖的言外之意，所以他回答：老早熟了，還欠印證一下。

五祖以手杖在碓上敲了三下，慧能會意，夜間三更到了五祖堂中。五祖以袈裟遮窗，不令窗外人看到，為慧能講說《金剛經》。說到「應無所住而生其心」一段，慧能當下大悟，知道「一切萬法，不離自性」，即對五祖說：「何其自性本自清淨，何期自性本不生滅，何期自性本自具足。何期自性本無動搖。何期自性能生萬法。」五祖便傳與法衣，天亮後即送他到九江驛的渡口。臨別時又叮囑他到了南方暫作隱晦，等待機緣成熟再行行化。

四、風動、旛動，仁者心動

慧能離開黃梅東禪寺，在九江驛辭別五祖，乘船行了一段水路後，登岸步行。走了兩個月，走到江西和廣東交界的大庾嶺。另一方面，五祖送別慧能後回到寺中，數日不上堂，眾人疑五祖病了，到丈室探視。五祖說：「我沒有病，不過法衣已經傳到南方了。」消息傳出，很多人都南下追趕，希望能搶回法衣。其中有一個惠明和尚，追趕上了慧能。慧能把法

衣放在石頭上，人隱藏在草叢中。惠明取衣，提掇不動。他
乃喊慧能說：「行者，我是為法而來，不是為衣而來的。」至
此，慧能乃自草叢中出來與他相見，傳授他「不思善、不思
惡，正與麼時那個你的本來面目。」惠明言下大悟。

　　慧能回到廣東曹溪。他為了避開那些搶法衣人的追逐，
乃到四會縣藏身於獵人隊中。他與獵人共住時，常找機會對
獵人們講說佛法。獵人令他守網，他見網到獵物就給放掉。
日常飲食，旁人吃肉，他但吃肉邊菜，如此經過了十五年之
久。一日自想，不能一直潛居，應該出去弘法了。遂到廣州
法性寺。

　　這時正值印宗法師在法性寺講《涅槃經》。慧能到了寺中，
適有風吹堂前長幡，左右擺動。一僧人說：「這是風在動」。
另一個僧人說：「不是風動，是幡在動。」為此二人爭執不已。
慧能接口說：「既不是風動，也不是幡動，是你二位心動。」
如此玄妙的話一出口，真是「語驚四座」。同時也驚動了印宗
法師。印宗忙禮請慧能上座。請他開示經中奧義，慧能講的
簡單扼要，而理論正確。印宗忽然想到五祖法衣南傳的事，
就問道：「久聞黃梅的法衣傳到南方來，莫非就是您老?」慧
能回答：「不敢當、是我。」

　　印宗一聽他就是繼承五祖法衣的人，歡喜讚歎，向慧能
頂禮，請他把所傳的法衣出示給大眾看。繼而鳴鐘集眾，就
在法性寺院落中的菩提樹下為慧能剃髮，又請名德智光律師
等為他授具足戒。隨後慧能即於菩提樹下為大家開示，說般

若波羅蜜法門。過了兩個月，慧能辭別印宗法師及大眾，要回歸曹溪寶林寺。印宗與道俗千餘人相送。過了不久，韶州刺史韋璩仰慕慧能道風，率著同僚入山，請慧能於城內大梵寺講堂為眾說法，兼授無相戒。開講之日，僧尼道俗集會者千餘人，門人法海編錄其開示，又加入後來的法語，即世所流行的《法寶壇經》。從此以後，慧能在曹溪寶林寺說法，歷時近三十年。在此期間，唐中宗曾請慧安、神秀二位大師到宮中供養，並與二人討論禪法。二師皆說：南方的慧能禪師，密受弘忍大師衣缽，可向他請教。

　　神龍元年（七〇五年），中宗遣內侍薛簡，往曹溪召請慧能入京。慧能以久處山林，年邁風疾，辭卻不去。中宗特贈他摩納袈裟一領，絹五百匹以為供養，並敕命稱寶林寺為中興寺，由韶州刺史予以重修；同時以慧能的新州故宅改建為國恩寺。延和元年（七一二年），國恩寺落成，慧能回至新州小住，命門人在寺中建一座報恩塔。先天二年（七一三年），慧能大師圓寂於新州國恩寺，世壽七十六歲。當時他的弟子們迎其遺體回歸曹溪。後來他的遺體不壞，弟子方辯把遺體裹以紵布、塗漆其上，形象生動，迄今仍保存在廣東曹溪的南華寺內。

　　唐憲宗時（八〇六至八三〇年），朝廷頒贈以大鑒禪師諡號，柳州刺史柳宗元為他撰寫〈曹溪第六祖大鑒禪師碑並序〉。元和十年（八一五年）劉禹錫因曹溪僧道琳之請，又撰寫〈曹溪大師第二碑〉。從達摩傳慧可、僧璨、道信、弘忍，六傳而

至慧能，故一般都稱他為六祖大師。

五、南頓北漸、頓悟成佛

　　由達摩祖師一系相傳的禪宗，在二祖慧可、三祖僧璨時代，一支單傳，並沒有多大發展。僧璨傳四祖道信，至此本宗漸盛。道信是河內（今河南沁陽）人。十二歲時入皖公山依僧璨受學，歷時十載，後來住在吉州寺，再往江西廬山大林寺。唐武德四年（六二一年），移住湖北蘄州黃梅雙峰山，於此「大作佛事，廣開禪門」：「再敞禪門，宇內流布」，如此歷時三十年，直至去世為止。道信的弟子眾多，而以弘忍、法融最為傑出。法融之下有智儼、慧方、法持等，這一法系以住在金陵牛頭山，後世就稱為牛頭禪；弘忍是蘄州黃梅人，七歲時隨著道信出家。《楞伽師資記》說他「緘口於是非之場，融心於色空之境；役力以申供養，法侶資其足焉……」。簡要言之，是弘忍把禪貫徹到日常的勞動生活中，使禪與勞動合一，改變了「凡禪必坐」的傳統。後來弘忍在雙峰山之東的馮茂山弘化。馮茂山又名「東山」，所以他的禪法號稱「東山法門」。

　　弘忍去世前，曾說在眾多弟子中，能傳東山法門的有十人。這些弟子後來各自傳法，大多傳承不明；只有慧能和神秀二支傳承最為清楚。但慧能和神秀二支，由於見解差異，

因此發展成兩種不同系統的禪法。神秀一支，以長安為中心教化於北方，稱北宗禪；慧能一支，以曹溪為中心教化於南方，稱南宗禪。南北兩系的禪宗，若自禪的性質來看，兩派的差異，可以「南頓、北漸」稱之。循漸進的方法指導子弟，令其開悟者稱「漸」；不分階段，頓速覺悟者稱「頓」。南頓北漸一詞的由來，相傳是由慧能、神秀在東禪寺廊下所書的兩首偈子而來。

慧能的禪學思想，在敦煌本的《六祖壇經》中可以找出端倪。他的禪學特點，可自下列三方面說起：

第一主張「定慧相等」。《六祖壇經》中說：「我的法門，是以定慧為本。一般人不要迷於定慧分別，定慧本來體不二，定是慧的體，慧是定之用。即慧之時定在慧，即定之時慧在定。善知識，此義即是定慧相等。」在隋唐時代，佛教普遍注重定慧雙修、止觀並重，但一般仍把定、慧看作兩個步驟。而慧能則主張「體一不二」，這好比是燈與光的關係；從定來看是燈，從慧來看是光，兩者沒有先後步驟、層次不同的差別。慧能認為，禪不是神秀等人所理解的「看心看淨」、「不動不起」。他以為，禪的定義，是：「見本性不亂為禪」。又說：「外離相曰禪，內不亂曰定」。禪，是一種主觀的心理狀態，即內心的體悟，而不在於枯坐冥想。同時，慧能依《大乘起信論》，立「一行三昧」，否定坐禪念佛，而以「一切時中，行住坐臥，常行直心」。直心就是真心、佛性，直接體現佛性，沒有造作，不假外修，就是常行直心。

　　第二主張無念為宗，無相為體，無住為本。《六祖壇經》云：「我此法門，從上以來，頓漸皆立以無念為宗，無相為體，無住為本。……」無念，並不是刻意除去自然之念，而是指不依外境而起，不隨法生。因為人的自然習性就是念念相續，不可能什麼都不想，除去一切念頭。慧能認為：「真如是念之體，念是真如之用」，由真如而起念，雖然在見聞覺知的生活中，而不染於萬境，心常自在。無念的宗旨，是要通過真如佛性的自然發揮，在現實生活中「來去自由」，獲得心靈上的「自在解脫」。

　　無相是不著相，是不執著於事相。我人處身世間，以內心的眼耳鼻舌身意六識，攀緣色聲香味觸法六境，執著計較，就是煩惱的根源。但能不計較、不執著，反身內省，自悟「性體清淨」，當下脫離煩惱。無住也是指不執著。因為我人的心識是念念生滅，遷流不住；世間諸法也是生滅無常、遷流不息。所以，眾生應當順應本性，由無住而達於無縛，自然無礙，得到解脫。

　　第三提倡「直指人心，見性成佛」。慧能強調自心的覺悟，把頓悟作為眾生解脫的根本法門。《六祖壇經》說：「故知一切萬法，盡在自身中。何不從於自心，頓現真如本性？」又說：「若悟無生頓法，見西方只在剎那；不悟頓教大乘，念佛往生路遙。」還說：「一聞言下大悟，頓見真如本性。」

　　慧能是佛教中十分重要的歷史人物，尤其是在禪宗中，他的地位更為突出。在中國佛教的各宗派中，最具有中國特

色的宗派是禪宗──是慧能的南宗禪。禪宗由達摩禪演變為南宗禪，是佛教的一大革命。禪至慧能，成為具有中國文化特色的宗派，而不是源自印度的達摩禪了。國學大師錢穆先生說：「佛教中的禪宗，實在可說是中國的宗教革命。」

六、兩幹開基、五華結實

禪宗自慧能、神秀時代，分為南宗禪與北宗禪。北宗主漸修，南宗主頓悟，後代稱為「南頓北漸」。北宗禪於神秀之後即漸衰微，而南宗慧能門下弟子眾多，以「五大宗匠」最為傑出。五大宗匠是為神會、玄覺、慧忠、懷讓、行思五個人，茲分別簡述五人的傳承如下：

神會是襄陽（湖北襄陽）人，俗姓高。幼學五經、老莊，後投國昌寺依顥元出家，諷誦群經。年十三歲，參謁六祖慧能，隨侍慧能身邊。慧能示寂後，參訪四方。開元八年奉敕住在南陽龍興寺，大揚禪法，人稱為南陽和尚。六祖入滅後二十年間，曹溪的頓禪沉寂無聞，兩京皆是神秀，普寂（神秀的門人）的北宗禪法幢。神會至洛陽欲振六祖之風，他於開元二十年，在河南滑臺大雲寺設無遮大會，與山東崇遠論戰，指斥神秀一門「師承是傍，法門是漸」，欲確立南宗禪的正統傳承與宗旨。並於天寶四年著《顯宗記》，定出南北頓漸兩門，即是以南宗慧能為頓宗，北宗神秀為漸教。竭力攻擊

神秀之漸門，於是南宗禪日盛，而北宗禪大衰。天寶十二年，神會因御史盧奕誣奏，奉敕黜離洛陽荷澤寺，遷住弋陽、武當等地。翌年轉住襄陽，再轉住荊州開元寺般若院，於肅宗上元元年入寂，世壽九十三。敕諡「真宗大師」。

　　玄覺是溫州永嘉（位於浙江）人，俗姓戴，八歲出家，博探三藏。後於溫州龍興寺側巖下自構禪庵，獨居參學，常修禪觀。後來與南陽玄策結伴遊方尋道，謁曹溪慧能，與慧能相問答而得其印可，慧能留之一宿，翌日即歸龍興寺，時人稱之「一宿覺」。其後學者輻湊，號真覺大師。先天元年入寂，世壽四十九。敕諡「無相」。著有《證道歌》一首、《禪宗悟修圓旨》一卷、《永嘉集》十卷（慶州刺史魏靖輯）。

　　慧忠，浙江諸暨人，俗姓冉。自幼學佛，通達經論，聞六祖慧能大師之名，即踰嶺叩謁，獲其心印。既而遊諸名山，從入南陽白崖山黨子谷，靜坐長養，四十餘年足不出山，學者往依者恆逾百千。開元年中，玄宗欽其道響，迎赴京師，敕住龍興寺。受玄宗、肅宗、代宗三朝禮遇，然天性淡泊，奏請於南陽黨子谷立香嚴長壽寺，歸於南陽，於大曆十年在黨子谷示寂，年壽八十餘。諡號「大證禪師」。

　　懷讓，金州安康（陝西漢陰）人，十五歲出家，一度習律，後來參謁曹溪，為六祖高足，留侍十五年。六祖示寂後，懷讓於玄宗先天二年（七一三年）往湖南南嶽，住在般若寺觀音臺，宣揚南禪宗風，開立南嶽一系，世稱南嶽懷讓。他的法系和青原行思的法系，同為南宗禪的兩大法流。他的弟

子馬祖道一繼其法脈，其後發展成臨濟宗和溈仰宗。懷讓於天寶三年示寂，世壽六十八歲。敬宗時追諡「大慧禪師」。

行思，吉州安城（江西安福）人，俗姓劉，出生年代不詳，幼年出家，後來投曹溪依六祖學法，與南嶽懷讓並稱為二大弟子。後來住吉州青原山靜居寺，故號稱青原行思。他在青原山弘化時，門徒雲集，禪風大振，其法系與南嶽懷讓的法系，同為南宗禪的二大法流。其後自此法系衍出雲門、曹洞、法眼等三系。行思於唐開元二十八年（七四〇年）示寂。僖宗賜諡「洪濟禪師」。

慧能門下的五大宗匠，後世稱為「一花五葉」。唯神會、玄覺、慧忠三系未久即衰，倒是南嶽懷讓、青原行思兩支，以後蓬勃發展，自懷讓一系中分出臨濟宗和溈仰宗，自行思一系中分出曹洞宗、雲門宗和法眼宗。此稱為「兩幹開基、五葉結實」。兩幹，指的是南嶽懷讓與青原行思；五葉，指的是臨濟宗、溈仰宗、曹洞宗、雲門宗和法眼宗五個宗派。不過溈仰、雲門、法眼三宗，數傳之後法脈斷絕，只有臨濟宗和曹洞宗一直傳到現在。

十五、完成華嚴學說的法藏大師

智儼逝世之前，
把法藏託付給他的大弟子道成、薄塵，囑咐二人說：
法藏天賦絕高，對於《華嚴經》的悟解無師自通，
將來必能紹隆光大華嚴學說。

一、師承智儼，創華嚴宗

　　依照華嚴宗傳統的說法，華嚴宗的初祖是杜順，二祖是智儼，法藏是華嚴宗的三祖。事實上，法藏才是華嚴宗的實際的創始人。華嚴宗是依於《華嚴經》建立的宗派，自東晉義熙年間，佛馱跋陀羅在建康譯出六十卷《華嚴經》以後，國人對於《華嚴經》的研究即已開始。首先是南方學者開始研究，到南北朝後期，北方學者也開始研究。北魏宣武帝曾敕命勒那摩提講《華嚴經》，地論師慧光也研究《華嚴經》；隋代淨影寺慧遠曾作《華嚴疏》七卷。那時長安南郊數十里的終南山，山中的至相寺就是華嚴學的研究中心，寺中數十位僧侶都研究《華嚴經》。所以長安就成為華嚴宗的發祥地。例如華嚴初祖杜順是長安人，同時也是至相寺的僧侶；二祖智儼是天水人，他在至相寺依杜順出家。至於完成華嚴宗理論基礎的法藏，他是智儼的傳法弟子，出生於長安，一生活動都在長安，所以華嚴宗的誕生地是在長安。於此，我們來看看華嚴宗實際創始人法藏的生平事跡。

　　法藏的祖籍是康居國人，他的曾祖父是康居國的國相。他的祖父奉命來中國朝見天子，為仰慕中華文化，不再思歸，便在長安居留下來，並且以國為姓，就姓了康。年久之後，康家便融合於漢族之中了。法藏的父親康謐，曾在朝中服官。

法藏出生於唐太宗貞觀十七年（六四三年）。康謐以中國儒家倫理教育兒子，法藏是長子，後來出了家，他的弟弟康寶藏，後來亦出仕任職，以忠孝稱著於世。

　　法藏自幼生得風度奇正，器宇不凡，而且生具夙慧，絕頂聰明。自幼不僅讀中國儒家經史，同時也學習梵語梵文，因為出身於佛教家庭，法藏自幼即讀誦佛經。在他十六歲的時候，他自長安到雍縣（今陝西扶風縣）法門寺禮佛，在舍利塔前曾燃一指供佛，並發願修學佛法，延佛慧命。因此他回長安後，於唐高宗顯慶四年（六五九年），即辭別父母，到終南山訪師修道。終南山在長安之南數十里處，佛道二教人士多在山中潛修。法藏入山後，不計佛道差別，凡是他認為堪為己師者，都虛心參訪學習。他學過棲雲食氣的神仙方術，也學習大乘空有二系的佛教經典，而於晉譯六十卷《華嚴經》最為契機。在山中數年，對《華嚴經》用功尤多，由此奠定他一生事業的基礎。後來因聞知父母生病，乃下山返回長安，回家侍奉父母。法藏生性純孝，到他出家之後，貴為帝師，他仍然不時回家省親。

　　在長安奉親的時候，他聞知智儼法師在雲華寺講《華嚴經》，他前去聽講，並且提出一些頗有深度的問題向智儼請教。智儼感歎著說：「有學問的出家人也問不出這些問題，你的見解使人耳目一新。」法藏以此獲得智儼的器重，從此他即列為智儼的門徒，前後數年，深切領悟華嚴的奧旨。

　　智儼是天水（甘肅）人，俗姓趙，幼年時就有志於佛道。

十二歲隨杜順到終南山至相寺，從杜順受學，日夜精勤。十四歲依杜順剃染，後來聽法常講《攝大乘論》。二十歲受具足戒，後來為深入研究《華嚴經》，搜尋各種注疏，深入鑽研《十地經論》六相圓融的奧旨，大有啟發。二十七歲撰《華嚴經搜玄記》，成為一宗的規模。他常講說華嚴，化導不倦。因曾住在至相寺多年，世人稱他為至相大師。他的弟子有道成、薄塵、懷濟、元曉、義湘、慧曉、法藏等，法藏是他晚年的小弟子。智儼於高宗總章元年（六六八年）十月逝世，世壽六十七。逝世之前，他把法藏託付給大弟子道成、薄塵，囑咐二人說：法藏天賦絕高，對於《華嚴經》的悟解無師自通，將來必能紹隆光大華嚴學說。唯他尚未出家，盼道成、薄塵二人注意機會，度他出家。

　　智儼圓寂之年，法藏年已二十六歲，他是以在家居士身分師事智儼。法藏早有出家之志，何以二十六歲尚未出家呢？原來隋唐時代沙門出家，要趕上朝廷度僧的詔令。法藏二十八歲時，高宗武皇后之母榮國夫人病逝，武皇后為其母種福田，捨榮國夫人住宅為太原寺，並度僧若干名。這時道成、薄塵聯絡京中名德連狀舉薦，法藏始得剃度為僧，隸屬於武皇后的家廟太原寺。

二、住太原寺，弘傳華嚴

　　法藏剃度出家後，奉詔住在太原寺，成為武皇后家廟中
的僧侶。法藏器宇高雅，學識淵博，很快就引起高宗皇帝和
皇后武則天的注意。到高宗上元元年（六七四年），法藏三十
二歲時，高宗命京城中十位著名的高僧為他授具足戒，使他
成為大僧——正式的比丘。不久又下詔命他在太原寺講《華
嚴經》。法藏威儀殊勝，辯才無礙，語言生動，善用譬喻，使
聽講的人飽餐法味。講經圓滿，武則天賜他法衣五襲。後來
又在雲華寺重講《華嚴經》，因此名滿京華。

　　唐高宗於顯慶末年（六六一年以後），苦於風疾——可能
是現代的高血壓症，百官奏章，多由皇后武則天詳決。武則
天本來是太宗時代的才人，太宗死後，她出家為尼。高宗為
太子時即暗戀武則天，繼位後不久就把她接入宮中。後來高
宗廢了王皇后，立武則天為后。武則天博學多謀，堅毅果決，
權力欲極強，對於政治有著濃厚的興趣。她做皇后時便參與
朝政，與高宗共決國事，此後權威日盛，臣下合稱帝后為「二
聖」。此後野心日熾，她亟力籠絡佛教人士，希望為其所用，
法藏就是她所籠絡的對象之一。高宗於弘道元年（六八三年）
駕崩，武則天為了把持朝政，把她所生的四個兒子或毒死、
或廢黜，她自己垂簾聽政。終於在武后載初元年（六九〇年），

把國號改唐為周，她自己登上皇帝的寶座——這是中國歷史上唯一的女皇帝。

本來唐朝的宗教政策，一向是佛道並重，並且為了提高李姓的地位，自認為是老子李耳的後裔，把道教置於佛教之上。高宗李治雖然很崇信佛教，但尊崇道教是一貫的國策，所以仍以道教為尊。如今武則天要奪取李氏政權，必須在政治上打擊李氏勢力，在宗教上要壓抑道教，抬高佛教的地位，以便操縱和利用佛教。而佛教一向受到李氏的壓制，位居道教之後，心有不甘，此時也樂意與武則天的政變活動配合。佛教僧侶在數以萬計的經典中，找出了一卷《大雲經》，為武則天提供了做女皇帝的根據。

《大雲經》的內容，是敘述佛陀依大雲菩薩之請問，說種種不可思議解脫法門。其中有一品說菩薩轉世為天女、做國王以度化眾生。僧人懷義、法明等把《大雲經》獻給武則天，並稱據佛經所載，武則天是彌勒菩薩下生，來做天下女主。這一來武則天有了做女皇帝的根據，她敕令天下各州建造大雲寺，頒發《大雲經》於天下供人閱讀。同時於武周永昌元年（六九〇年）十一月登上皇帝大位。事實上，後代學者以為，《大雲經》是武則天令沙門偽撰的經典，頒於天下，以鞏固其女皇帝的地位而已。

在這一場改唐為周的政治鬥爭中，法藏尚能保持其出家人的風格，不曾附和宣揚《大雲經》，但他也不能不頌揚女皇帝，聖曆二年，他奉詔在佛授記寺講《華嚴經》，忽然遇到地

震。地震本來是一種自然現象，古代且認為這是上天示警。但法藏卻藉機改變傳統的說法，他說地震是講說《華嚴經》所顯示的靈驗。因為聖天子在位，天下太平，所以才有《華嚴經》中所說「六種震動」。把地震解釋成佛經中的六種震動，既歌頌了女皇帝，也表示自己講得好。果然武則天很高興，下敕曰：「因敷衍微言，弘揚祕頤。初譯之日，夢甘露以呈祥；開講之辰，感地功而標異。……」武周垂拱三年（六八七年），京畿久旱不雨，法藏奉敕祈雨，他在西明寺設壇祈天。他身居靜室，晚間戒齋沐浴，日間登壇祈禱，到第七天甘雨下降，旱災消除，這也是他為朝廷建立的一場功勞。

三、講經譯經，撰述經疏

法藏二十八歲出家，七十之年示寂，其間四十餘年，一直在西京長安活動，不曾到過別處（也有隨駕到東京洛陽的時候）。四十餘年間主要的工作，可自三方面敘述，那就是一者講經，二者譯經，三者著述。在講經方面，是以《華嚴經》為主，前後講過三十多遍。並且講的多是六十卷《華嚴經》。原來《華嚴經》有三種譯本，一者是東晉恭帝永初二年（四二一年），北天竺佛馱跋陀羅在建康譯出的六十卷《華嚴經》；二者是武周聖曆二年（六九九年），于闐國沙門實叉難陀在長安譯出的八十卷《華嚴經》；三者是唐德宗貞元十四年（七九

八年），罽賓國沙門般若譯出的四十卷《華嚴經》。而法藏在青年、中年時代講的，全是六十卷華嚴。他老年時代八十卷華嚴才譯出來，他也講過幾次。至於四十卷華嚴，是在他逝世後八十多年才譯出的，他自然不曾講過。

　　其次是譯經，據《宋高僧傳》法藏本傳上說：「薄遊長安，彌露鋒穎，尋應名僧義學之選，屬奘師譯經，後因筆受證義潤文見識不同，退出譯場。」這是說，他曾經以「名僧義學」的名義，參加過玄奘大師的譯場。此說殊有疑問，玄奘大師貞觀十九年歸國的時候，法藏年方三歲；法藏二十八歲出家之年（六七〇年），玄奘大師已示寂六年，這樣看來他似不可能參加玄奘大師的譯場。不過他和玄奘大師的弟子慈恩寺窺基，和西明寺圓測都曾合作譯經。法藏常慨歎晉譯的六十卷《華嚴經》，其中〈入法界品〉內有闕文，高宗永隆元年（六八〇年），中天竺沙門地婆訶羅來到長安，攜有梵本〈入法界品〉，法藏和智儼的兩位大弟子道成、薄塵，以及慈恩寺窺基四個人，奉敕與地婆訶羅把晉譯的六十卷華嚴中脫文之處，對照地婆訶羅的梵本予以補譯。後來武則天建國改元後，派人去于闐國求得華嚴梵本，並迎得實叉難陀來華，譯出了八十卷華嚴，由法藏任筆受，圓測等四人任證義。這是法藏對於《華嚴經》翻譯的貢獻。

　　此外，法藏又奉詔和地婆訶羅，及道成、薄塵等同譯《密嚴經》、《顯識論》等經論十多部，合共二十卷。武后天授二年（六九〇年），于闐國沙門提雲般若在魏國東寺譯經，法藏

也列席譯場。提雲般若譯出《大乘法界無差別論》，法藏特為作疏，發揮新義。長安三年（七○三年），義淨等華梵名德十四人，先後在洛陽福先寺及長安西明寺，共同翻譯《金光明最勝王經》等二十一部，法藏奉詔擔任證義。中宗神龍二年（七○六年），南印度沙門菩提流志，在大內林光殿翻譯《大寶積經》，他也奉詔為證義。

最後說到法藏的著作。法藏一生著述豐富，但唐以後大多佚失，現存有關華嚴的著作，有《華嚴經探玄記》、《華嚴經文義綱目》、《華嚴經旨歸》、《華嚴經義海百門》、《修華嚴奧旨妄盡還原觀》、《華嚴一乘教義分齊章》、《華嚴金師子章》、《華嚴經明法品內立三寶章》、《華嚴經傳記》、《華嚴問答》、《華嚴遊心法界記》、《華嚴經關脈義記》、《流轉章》、《法界緣起章》等。此外，其他方面的經典尚有《心經略疏》、《大乘起信論別記》、《密嚴經疏》、《十二門論宗義記》和《梵網經疏》等。

四、五帝門師，生榮死哀

法藏自二十八歲出家後，一直以佛法為大周女皇帝武則天服務，他為武則天講解以《華嚴經》為主的各種佛經，也以佛事儀軌為皇室服務。當武周聖曆二年（六九九年），新譯的八十卷華嚴告成，詔令法藏在洛陽佛授記寺宣講。他講到

天帝網義十重玄門、海印三昧門、六相和合義門等。武則天
驟聽之下茫然不解。法藏於是指殿隅的金獅子作譬喻，講到
一一毛頭各有金獅子，一一毛頭獅子同時頓入一毛中，一一
毛中皆有無邊金獅子，重重無盡。武則天於是豁然領悟。又
為不了解刹海涉入重重無盡之義，法藏以十面鏡子安排在八
方（四方四角）上下，相去丈餘，面面相對，中間安置一尊
佛像，然後點燃一支火炬去照看著，令互影交光，使學者通
曉重重無盡的義旨。

　　終武則天之世，都對法藏優禮有加。武周長安四年（七
〇四年），武則天年邁體衰，臥病長生殿。她忽然想起四十年
前的舊事，高宗顯慶五年（六六〇年），岐州雍縣法門寺的佛
舍利被迎入宮中，自己以皇后的身分命巧匠打造金棺銀槨，
供養於佛，蒙佛庇佑，得登大寶。現在患病不愈，倘若再迎
舍利入宮，必獲福報。於是敕文綱、法藏與鳳閣侍郎崔玄暐
往法門寺迎接。法藏等到法門寺後，先做七天七夜法會，然
後迎請舍利入京，供奉於大內。身患重病的武則天，親臨拈
香禮拜，祈求降福，此後數日，自己覺得病狀消減，心情安
適。未幾，神龍元年（七〇五年），宮廷政變，中宗復位，恢
復大唐名號。武則天被迫交出政權，於是年十一月病逝。

　　中宗李顯復位，對法藏依然禮敬有加，命畫師為法藏繪
像，並親自作贊四章，以表揚法藏的功德。翌年，中宗賜法
藏三品職銜，法藏一再辭謝不准，上表願轉讓給他兄弟康寶
藏。後來睿宗李旦繼位（七一二年），法藏為睿宗說經授戒，

　　一、事法界：事為事象，界為分齊，宇宙萬有的事相，總括一切生住異滅的心物現象，皆由因緣而生，各有其區別與界限；而世俗認識的特徵，則以事物的差別性作為認識的對象，此稱事法界。

　　二、理法界：理為理性，界為性體的意思。即宇宙一切萬物，本體皆為真如，平等而無差別。也即是說，理法界即無盡事法同一理性的意思。現象界的共性，皆為空性；而理即是本心、佛性、真如。

　　三、理事無礙法界：指現象界與本體界，二者共具有一體不二的關係。即本體（理）無自性，須藉事而顯發；故一切萬象，皆為真如理體的隨緣變現。此即理由事顯，事待理成，由此顯出理與事互融無礙的法界。

　　四、事事無礙法界：指現象界本身的絕對不可思議。即一切諸法皆有體有用，雖各隨因緣而起，各守其自性，事與事看似互為相對，然而多緣互為相應以成就一緣，一緣亦相應以助多緣。以其力用互相交涉，自在無礙而無盡，即稱事事無礙法界。

　　六相，是指六相相互圓融而不相礙。與十玄門之說，並稱「十玄六相」，六相即總相、別相、同相、異相、成相、壞相，華嚴宗以此六相之說為基礎，而立六相圓融。即：諸法皆具此六相而互不相礙，全體與部分、部分與全體皆一體化，圓融無礙。世親之《十地經論》對菩薩行說有六相。隋代慧遠的《十地經論義記》雖然解釋六相，但僅說及體與理，而

未說及相與事。華嚴宗自唐代智儼始說六相圓融，而後由法藏、澄觀集其大成。

十玄門，表示法界中事事無礙法界之相，由此十門互相為緣而起，故稱緣起。十門相即相入，互為作用，互不相礙。華嚴宗以十玄門與六相圓融之說為根本教理，即「十玄六相」，二者會通而構成法界緣起的中心內容。這是從十方面說明四法界中事事無礙法界之相，表示現象與現象相互一體化（相即），互相涉入而不礙（相入），如網目般的結合，以契合事物之自性，即以十門表示法界緣起之深義。此復有古十玄與新十玄之分。智儼說一乘十玄門，法藏作華嚴五教章繼承其說，是為古十玄；而法藏於《華嚴經探玄記》中所示，澄觀於《華嚴玄談》中祖述其意，此為新十玄。此門十分細微，不再詳述。

後　記

　　佛教於東漢初年傳入中國，其間歷經漢、魏、兩晉、南北朝時代。佛經的傳譯，法義的傳播，到隋唐兩代而開花結果，進入佛教的黃金時代。這時佛門龍象輩出，大乘八宗次第建立，教理宗義燦然大備，完成了印度佛教與中國文化互相融合，而具有中國特色的佛教。唯自唐武宗「會昌法難」以後，佛教盛極而衰。唐代末年，藩鎮割據，繼而五代十國，王朝交迭，戰亂頻仍，這時寺院荒廢，經籍散佚，隋唐三百年間鼎盛之佛教，至此零落殆盡。

　　及至宋代統一，結束百年亂局，太祖、太宗兩朝，有意重興佛教，唯這時印度已乏可供傳譯的經典，中土亦少弘揚法義的高僧，以致成就有限。及至南宋偏安，佛法益為不振。以後歷元、明、清朝，七百餘年間，佛教一直處於保守時期，古代佛門龍象那種旺盛的開拓精神，會昌法難迄今千餘年間，再也看不到了。

佛教傳入中國後千年之間大事年表

西元六十四年・東漢明帝永平七年：明帝夜夢金人，遣秦景等人出使西域，求取佛經。

西元六十七年・東漢明帝永平十年：相傳秦景等人自天竺請得沙門攝摩騰、竺法蘭攜《四十二章經》返洛陽，安置二沙門住入鴻臚寺賓舍。

西元七十五年・東漢明帝永平十八年：改建鴻臚寺賓舍為佛寺，命天竺沙門攝摩騰、竺法蘭居之，名曰白馬寺，此為中國有佛寺之始。

西元一四七年・東漢桓帝建和元年：安息國沙門安世高抵洛陽（以後譯出小乘經數十部）。

西元一六七年・東漢桓帝永康元年：天竺沙門竺佛朔抵洛陽。大月氏國沙門支婁迦讖抵洛陽（以後都譯出不少的經典）。

西元一八一年・東漢靈帝光和四年：安息國優婆塞安玄，與漢地清信士嚴佛調合譯《法鏡經》。

西元一八五年・東漢靈帝中平二年：西域沙門支曜譯出《成具光明經》。

西元一九四年・東漢獻帝興平元年：康居國沙門康孟詳譯出《四諦經》。

西元一九七年・東漢獻帝建安二年：西竺沙門竺大力譯出《修

行本起經》。

西元二〇七年‧東漢獻帝建安十二年：西域沙門曇果、康孟
詳合譯《中本起經》。

西元二二四年‧魏文帝黃初五年：天竺沙門維祇難、支謙同
到武昌，譯出《法句經》。

西元二二八年‧魏明帝太和二年：支謙譯出《瑞應本起經》、
《阿彌陀經》、《義足經》二卷、《明度經》四卷。

西元二三〇年‧魏明帝太和四年：竺律炎譯出《三摩竭經》。

西元二四七年‧魏齊王正始八年：康僧會由海路抵建業（後
之金陵），建造茅屋，供以佛像，宣揚佛教。吳大帝孫權於建
業興造建初寺。

西元二五〇年‧魏齊王嘉平二年：中天竺沙門僧曇柯迦羅至
洛陽，譯出《僧祇戒本》，並施行受戒羯磨之法。

西元二五二年‧魏齊王嘉平四年：康僧會譯出《六度集經》
九卷。康居國沙門康僧鎧抵洛陽，譯出《郁伽長者經》、《無
量壽經》二卷。

西元二五四年‧魏高貴鄉公正元元年：安息國沙門曇無諦來
洛陽，譯出《曇無德羯磨》。

西元二五六年‧魏高貴鄉公甘露元年：西域沙門支疆梁於交
州譯出《法華三昧經》六卷。

西元二六〇年‧魏元帝景元元年：魏國沙門朱士行，往于闐
國求取《大品般若經》梵本。

西元二六五年‧西晉武帝泰始元年：魏亡，西晉建國。竺法

護於長安譯出《薩曇分陀利經》（以後續有譯述）。

西元二八〇年・西晉武帝太康元年：西晉統一中國，結束三國分立局面。

西元二八二年・西晉武帝太康三年：漢僧朱士行，於于闐國求得《放光般若經》梵本，派遣弟子弗如檀送洛陽。

西元二九一年・西晉惠帝元康元年：于闐國沙門無羅叉譯《放光般若經》二十卷。

西元三〇一年・西晉惠帝永寧元年：支法度譯《逝童子經》。

西元三〇六年・西晉惠帝光熙元年：安法欽譯《阿育王傳》七卷。

西元三一〇年・西晉懷帝永嘉四年：西域僧佛圖澄來到洛陽，時羯人石勒屯兵葛陂，佛圖澄以大將郭黑略的介紹見到石勒，並以神咒方技贏得石勒的崇信。

西元三一二年・西晉懷帝永嘉六年：道安出生於常山扶柳縣。

西元三一六年・西晉愍帝建興四年：西晉滅亡，五胡十六國時代開始。

西元三三〇年・東晉明帝咸和五年：後趙主石勒尊佛圖澄為大和尚，諮詢軍國大事。

西元三三四年・東晉成帝咸和九年：慧遠出生於雁門樓煩（今山西崞縣東部）。

西元三三五年・東晉成帝咸康元年：道安二十四歲，於鄴都（在今河南臨漳縣境）鄴中寺，謁見佛圖澄大師，依佛圖澄受學。

西元三四四年‧東晉康帝建元二年：鳩摩羅什出生於龜茲國。

西元三四八年‧東晉穆帝永和四年：佛圖澄大師示寂，世壽一一六歲。

西元三五二年‧東晉穆帝永和八年：鳩摩羅什於罽賓國師槃頭達多，學習雜藏中的中阿含、長阿含等經典。

西元三五四年‧東晉康帝永和十年：道安於河北太行、恆山創立寺院，聚眾講學。

西元三五五年‧東晉康帝永和十一年：竺道生出生。

西元三六五年‧東晉哀帝興寧三年：道安率弟子四百餘人抵襄陽。

西元三七九年‧東晉孝武帝太元四年：苻堅遣大將苻丕，率兵攻占襄陽，俘虜了襄陽太守朱序，並迎得道安與習鑿齒同歸長安。

西元三八四年‧東晉孝武帝太和九年：呂光滅龜茲國。慧遠入廬山，暫居西林寺。

西元三八五年‧東晉孝武帝太和十年：道安大師示寂，世壽七十四歲。

西元三八六年‧東晉孝武帝太和十一年：慧遠在廬山東林寺建成，入居東林寺。

西元三九九年‧東晉安帝隆安三年：法顯約集慧景、道整、慧應、慧嵬四人，自長安出發西行求法。

西元四〇一年‧東晉安帝隆安五年：鳩摩羅什抵長安。

西元四〇二年‧東晉安帝元興元年：慧遠在廬山始創結社念

佛，由劉遺民作誓文。

西元四〇四年・東晉安帝元興三年：鳩摩羅什譯出《大品般若經》三十卷，《百論》二卷。慧遠撰〈沙門不敬王者論〉。

西元四〇五年・東晉安帝義熙元年：鳩摩羅什譯出《大智度論》一百卷。

西元四〇六年・東晉安帝義熙二年：鳩摩羅什譯出《新法華經》七卷、《新維摩詰經》三卷、《華首經》十卷、《梵網經》二卷。佛馱跋陀羅來到長安。道生在長安參與鳩摩羅什主持之逍遙園譯場。

西元四〇八年・東晉安帝義熙四年：鳩摩羅什譯出《新小品經》七卷。

西元四〇九年・東晉安帝義熙五年：鳩摩羅什譯出《中論》、《十二門論》。竺道生自長安返回建康，住青園寺。

西元四一一年・東晉安帝義熙七年：佛馱跋陀羅、慧觀離開長安，至廬山，譯《修行方便禪經》、《觀佛三昧經》。鳩摩羅什譯出《成實論》二十六卷。

西元四一二年・東晉安帝義熙八年：慧持（慧遠之弟）示寂於成都，世壽七十六歲。

西元四一三年・東晉安帝義熙九年：後秦鳩摩羅什大師示寂於長安，世壽七十歲。法顯返國海船漂泊至青州。

西元四一四年・東晉安帝義熙十年：廬山西林寺慧永示寂，世壽八十三歲。法顯於建康道場寺撰《佛國記》。

西元四一六年・東晉安帝義熙十二年：慧遠大師在廬山示寂，

世壽八十六歲。

西元四一八年・東晉安帝義熙十四年：法顯譯出《大般泥洹經》六卷，與佛馱跋陀羅合譯《摩訶僧祇律》四十卷。

西元四二○年・東晉安恭帝元熙二年・宋武帝永初元年：東晉滅亡，劉宋建國，南北朝時代開始。

西元四二一年・宋武帝永初二年：北涼曇無讖譯出《大般涅槃經》三十六卷。佛馱跋陀羅譯出《大方廣佛華嚴經》六十卷。

西元四二二年・宋武帝永初三年：法顯大師約於是年在荊州辛寺示寂，《高僧傳》稱其春秋八十有六。

西元四二八年・宋文帝元嘉五年：竺道生提倡「闡提成佛說」，獨見忤眾，被逐出建康，遂入姑蘇虎丘山。

西元四三四年・宋文帝元嘉十一年：主張眾生皆可成佛的竺道生大師於廬山示寂，世壽八十歲。

西元四四六年・宋文帝元嘉二十三年・北魏太平真君七年：三月，北魏詔令諸州盡誅沙門，破壞一切經典圖像，北魏佛教遂遭毀滅。（此為三武一宗法難之第一次法難）。

西元四七九年・齊高帝建元元年：劉宋滅亡，蕭齊建國。

西元四九九年・齊東昏侯永元元年：真諦出生。

西元五○二年・梁武帝天監元年：蕭齊滅亡，蕭梁建國。

西元五○四年・梁武帝天監三年：梁武帝棄道皈佛，親自做願文。

西元五○五年・梁武帝天監四年：梁武帝舉辦水陸法會。

西元五一一年·梁武帝天監十年：梁武帝於華林殿發表「斷酒肉文」。北魏菩提流支、勒那摩提合譯《十地經論》十二卷。

西元五二〇年·梁武帝普通元年：菩提達摩抵達廣州，至建康見梁武帝。

西元五二八年·梁武帝大通二年：菩提達摩至洛陽，參觀永寧寺。

西元五三六年·梁武帝大同二年：禪宗初祖菩提達摩大師示寂（一說為五二八年）。

西元五三八年·梁武帝大同四年：智顗出生於荊州華容縣。

西元五四六年·梁武帝中大同元年：四月，梁武帝捨身同泰寺。

西元五四七年·梁武帝太清元年：梁武帝捨身同泰寺，設無遮大會。

西元五四八年·梁武帝太清二年：真諦攜梵典二百四十篋（兩萬餘卷）至建康，希望在建康譯經，因發生侯景之亂未能開譯。

西元五四九年·梁武帝太清三年：梁武帝崩，世壽八十六歲。真諦撰《仁王般若經疏》六卷、《九識義記》二卷。吉藏出生於金陵。

西元五五〇年·梁簡文帝大寶元年：真諦於富春陸元哲宅譯《十七地論》及《中論》。

西元四五二年·梁元帝承聖元年·北魏文成帝興安元年：北魏文成帝詔令復興佛教。

西元五五四年・梁元帝承聖三年：真諦返豫章，譯《仁王般若經》、《彌勒下在經》。

西元五六〇年・陳文帝天嘉元年：智顗於光州大蘇山依慧思受學。

西元五六二年・陳文帝天嘉三年：真諦欲航海西歸，以風浪飄流至廣州，受廣州刺史歐陽頠接待，住入制旨寺譯經。

西元五六三年・陳文帝天嘉四年：真諦譯《攝大乘論》三卷、《攝大乘論釋》十五卷。

西元五六七年・陳廢帝光大元年：真諦校訂《俱舍論》。

西元五六九年・陳宣帝太建元年：真諦於廣州王園寺示寂，世壽七十一歲。

西元五七四年・陳宣帝太建六年・北周武帝建德三年：北周武帝下詔廢佛、道二教，毀壞經像，並令沙門、道士還俗，被迫還俗之僧道達二百萬人。（三武一宗法難之第二次法難）。

西元五七五年・陳宣帝太建七年：智顗隱棲天台山。

西元五七七年・陳宣帝太建九年：北周滅北齊，毀齊境內佛寺，迫令僧尼還俗。

西元五八〇年・陳宣帝太建十二年：北周復興佛道二教。

西元五八一年・隋文帝開皇元年：北周滅亡，隋代建國。

西元五八五年・隋文帝開皇五年：智顗應陳後主之召自天台山抵建康，於太極殿講經。

西元五八七年・隋文帝開皇七年：智顗講《法華經》於光宅寺。

西元五八九年・隋文帝開皇九年：隋朝滅陳，統一中國，結束南北朝時代。

西元五九一年・隋文帝開皇十一年：智顗奉晉王楊廣召赴揚州，為晉王授菩薩戒。楊廣奉智顗「智者大師」之號。翌年自揚州返荊州建玉泉寺。

西元五九四年・隋文帝開皇十四年：智顗於玉泉寺講《摩訶止觀》。

西元五九五年・隋文帝開皇十五年：智顗再應召至揚州，在揚州撰寫《淨名經疏》。

西元五九六年・隋文帝開皇十六年：道宣出生。智顗二度自揚州歸天台山。

西元五九七年・隋文帝開皇十七年：大成天台宗的智顗大師，示寂於天台山石城寺，世壽六十歲。

西元六〇〇年・隋文帝開皇二十年：玄奘出生於洛陽緱氏縣。

西元六一二年・隋煬帝大業八年：玄奘在洛陽淨土寺出家。

西元六一八年・唐高祖武德元年：隋滅亡，唐朝建國。玄奘與兄長捷抵長安，住莊嚴寺。

西元六二三年・唐高祖武德六年：嘉祥大師吉藏在長安示寂，世壽七十五歲。

西元六二九年・唐太宗貞觀三年：玄奘自長安西行取經。

西元六三二年・唐太宗貞觀六年：窺基出生於長安。

西元六三三年・唐太宗貞觀七年：玄奘抵達中天竺摩揭陀國那爛陀寺。

西元六四三年·唐太宗貞觀十七年：法藏出生於長安。

西元六四五年·唐太宗貞觀十九年：玄奘自西域返抵長安，道俗出城相迎者數十萬人。時太宗皇帝駐蹕洛陽，玄奘至洛陽陛見，奉敕於長安大弘福寺譯經。

西元六四六年·唐太宗貞觀二十年：玄奘譯出《顯揚聖教論》二十卷、《大乘阿毘達摩雜集論》十六卷，及撰寫《大唐西域記》十二卷。

西元六四七年·唐太宗貞觀二十一年：玄奘譯出《解深密經》五卷。

西元六四八年·唐太宗貞觀二十二年：玄奘譯出《瑜伽師地論》一百卷。唐貞觀皇帝作〈大唐三藏聖教序〉。太子李治為替母后薦福，於長安建立大慈恩寺，並於寺西北隅建譯經院。窺基奉敕出家。

西元六四九年·唐太宗貞觀二十三年：玄奘譯出《攝大乘論》三卷、《攝大乘論世親釋》十卷、《攝大乘論無性釋》十卷。

西元六五○年·唐高宗永徽元年：道宣撰《釋迦方志》二卷。新羅僧神昉入慈恩寺譯經院師事玄奘，參與譯經。

西元六五一年·唐高宗永徽二年：禪宗四祖道信示寂。玄奘譯出《俱舍論本頌》。

西元六五二年·唐高宗永徽三年：玄奘譯出《大乘阿毘達摩集論》七卷、《阿毘達摩顯宗論》四十卷。道宣奉敕任西明寺上座，參與譯經。

西元六五四年·唐高宗永徽五年：玄奘譯出《順正理論》八

十卷、《俱舍論》三十卷。

西元六五六年・唐高宗顯慶元年：三月，高宗製「大慈恩寺碑文」。四月，玄奘迎「大慈恩寺碑文」。窺基奉詔參加慈恩寺譯場。

西元六五八年・唐高宗顯慶三年：玄奘奉敕駐錫西明寺。

西元六五九年・唐高宗顯慶四年：十月，玄奘往玉華宮譯經。閏十月，玄奘始譯《成唯識論》，以窺基任筆受。

西元六六〇年・唐高宗顯慶五年：玄奘始譯《大般若俱經》。

西元六六一年・唐高宗龍朔元年：玄奘始譯《唯識二十論》、《辯中邊論》。

西元六六三年・唐高宗龍朔三年：玄奘譯完《大般若俱經》六百卷。

西元六六四年・唐高宗麟德元年：玄奘於玉華宮示寂，世壽六十五歲，諡號「大遍覺」，敕建塔於樊川北原。道宣撰《三寶感通錄》三卷、《大唐內典錄》十卷、《集古今佛道論衡》四卷。

西元六六五年・唐高宗麟德二年：道宣撰《釋迦氏譜》。

西元六六八年・唐高宗總章元年：至相大師智儼示寂，世壽六十七歲。

西元六六九年・唐高宗總章二年：西安興教寺玄奘塔落成。

西元六七六年・唐高宗儀鳳元年：慧能於廣州法性寺落髮受戒。

西元六八二年・唐高宗永淳元年：弘揚唯識宗的窺基大師示

寂，世壽五十一歲。

西元六八九年・則天武后永昌元年：義淨自室利佛逝返回廣州，邀約得貞固、大津等人往室利佛逝協助譯經。詔令法朗等九人作《大雲經》，頒行天下，於各州建造大雲寺。

西元六九○年・則天武后載初元年：武則天改唐國號為周，玄奘始譯《大般若俱經》。

西元六九五年・周武則天證聖元年：義淨西行求法，歷時二十五年，返抵洛陽，武則天親迎於東門處，洛陽緇素傾城而出相迎。

西元六九九年・周武則天聖曆二年：實叉難陀譯八十卷《華嚴經》，法藏任筆受，圓測等四人任證義。法藏於洛陽佛授記寺講《華嚴經》。

西元七○一年・周武則天大足元年：義淨譯出《彌勒下生成佛經》。

西元七○三年・周武則天長安三年：義淨譯《金光明最勝王經》十卷、《根本說一切有部毘奈耶》五十卷。

西元七○五年・唐中宗神龍元年：中宗賜慧能摩納袈裟一領、絹五百匹以為供養。

西元七○六年・唐中宗神龍二年：北宗禪神秀大師示寂。義淨至長安大薦福寺譯經。

西元七一二年・唐睿宗太極元年：完成華嚴宗的法藏大師於長安示寂，世壽七十歲。

西元七一三年・唐玄宗開元元年：傳譯有部律的義淨大師於

長安示寂，世壽七十九歲。禪宗的革命者慧能大師，於新州
國恩寺示寂，世壽七十六歲。

西元八四五年・唐武宗會昌五年：唐武宗時，宰相李德裕等
人排佛，帝乃下敕留置若干寺及僧三十名，餘皆廢棄，並令
僧尼還俗。將佛像、鐘、磬改鑄為錢幣、農具等物，史稱會
昌法難。翌年帝崩，宣宗時再興佛法。

西元九五五年・後周世宗顯德二年：世宗實行排佛政策，詔
令廢止寺院三萬三百三十六所，又下詔毀佛像，收鐘、磬、
鈸、鐸之類鑄錢。其時，鎮州有觀音銅像，靈應頗驗，故雖
有詔下，人莫敢近。世宗聞之，親往其寺，以斧破銅像面胸，
觀者為之顫慄。顯德六年，帝於北征途中，胸發瘡疽而殂。

西元九六〇年・宋太祖建隆元年：宋朝建國，結束五代亂局。

宗教文庫叢書

「人類如何去信仰」與「人類信仰什麼」是同樣重要的問題……

從「媽祖回娘家」的三牲五果,到伊斯蘭的齋月禁食;
從釋迦牟尼的菩提悟道,到耶穌基督的流血救贖;
多元的宗教是人類精神信仰的豐富展現,卻也是人類爭戰不息的原因。
然而,真正的多元化是建立在社會群眾彼此寬容及相互理解的基礎之上,
「宗教文庫」的企圖,
就是提供各種宗教的基本知識,以做為個人或群體認識各個宗教的管道。
畢竟,「人類如何去信仰」與「人類信仰什麼」是同樣重要的問題,
藉由這套叢書多樣的內容,
我們期望大眾能接觸多元的宗教知識,從而培養理性的態度及正確的信仰。

佛法與醫學

川田洋一／著　許洋主／譯

斷除無明的煩惱病
體現健康喜悅的生命韻律

醫生通常可以告訴你生了什麼病，卻無法確切地告訴你為什麼會生病；「人為什麼會生病」這個問題，似乎牽涉到生命意識的深層結構。本書由世尊的覺悟內容做為起點，有系統地論述身體與宇宙韻律的關係，並詳細介紹佛門的醫療方法，為您提供一條健康喜悅的生命之道。

佛教經典常談

渡辺照宏／著　鐘文秀、釋慈一／譯
陳一標／校訂

淺談佛門浩瀚聖典
輕啟八萬四千法門

作為宗教文學或哲學著作，佛教聖典當然具備豐富多樣的內容，在教戒、傳說、寓言、笑話、小說、戲曲、歷史、地理、民俗、習慣等人類所有的生活面，像佛教聖典這樣廣涉多方且富於變化者，確為世界文獻所僅見。本書以淺易明白的方式，介紹佛經的成立及現存的主要經典，輕啟你對佛門經典的常識。

頓悟之道——勝鬘經講記　謝大寧／著

你不是去信一尊外在的佛
而是去信你自己的心

如果眾生皆有無明住地的煩惱，是否有殊勝的法門可以對治呢？本書以「真常唯心」系最重要的經典——《勝鬘經》來顯發大乘教義，剖析人間社會的結構性煩惱，並具體指出眾生皆有如來藏心；而唯有護持這顆清淨心，才能真正斷滅人世煩惱，頓悟解脫。

唯識思想入門　橫山紘一／著　許洋主／譯

從自己存在的根源除去污穢
而成為充滿安樂的新自己

疏離的時代，人類失去了自己本來的主體性，並正被異化、量化為巨大組織中的一小部分，而如果罹患了疏離感的現代人不做出主動且積極的努力，則永遠不得痊癒。唯識思想的歷史是向人類內心世界探究的歷史，而它的目的就在於：使人類既充滿污穢又異化的心，恢復清淨及正常的本質。

改變歷史的佛教高僧 于淩波／著

大法東來，經典流布
佛門龍象，延佛慧命

佛教的種子傳入中國之後，所以能在中國的土壤紮根生長，實在是因為佛門高僧輩出。他們藉由佛經的翻譯及法義的傳播來開拓佛法，使佛教蓬勃發展。當我們追懷魏晉南北朝時代的佛教及那個時代的高僧時，也盼古代佛門龍象那種旺盛的開拓精神可以再現，為佛法注入新的生命。

伊斯蘭教與中國社會 葛 壯／著

堅定信仰真主的力量
成為優越奮發的穆斯林

曾經有一個虔誠的穆斯林說：「如果我信仰真主，當然是我優越，如果我不信仰真主，這條狗就比我優越。」就因為穆斯林們的堅定信仰，使得阿拉伯的伊斯蘭文化不斷地在中國各地傳播，並與中國各朝代的商業、政治、文化及社會產生了密切的互動。且讓我們走進歷史的事蹟裡，一探穆斯林在中國社會中的信仰點滴。

從印度佛教到泰國佛教

宋立道／著

一尊獨一無二的翡翠玉佛
一段古老而深遠的佛教傳播

南傳佛教歷經兩千餘年的發展，堅定地在東南亞大陸站穩腳跟，成為當地傳統文化的主流，不僅支配人們的道德觀念、影響人們的生活情趣，更成為泰國政治意識型態的一部分。藉由玉佛的故事，且看一代聖教如何滲透到東南亞社會的政治、歷史與文化各方面，以及宗教在人類創造活動中的偉大作用。

印度教導論

摩訶提瓦／著　林煌洲／譯

若可實踐正確之身心鍛鍊
則真實之洞見將隨之而生

由正當的語言、思想及行為著手，積極地提升自己的內在精神，寬容並尊重各種多元的思想，進而使智慧開顯豁達，體悟真理的奧秘，這就是印度教。印度教強調以各種方法去經驗實在及實踐愛，而這正是本書力求把印度教介紹給世人的寫作動力。藉由詳盡的闡釋，本書已提供了一條通往永恆及良善生活方式的線索。

國家圖書館出版品預行編目資料

改變歷史的佛教高僧／于凌波著.－－初版一刷.－
－臺北市；東大，民91
面；　公分－－(宗教文庫)

ISBN 957–19–2700–7　(平裝)

1.僧伽－中國－傳記 2.佛教－中國－傳記

229.3　　　　　　　　　　　　　91008260

網路書店位址　http://www.sanmin.com.tw

© 改變歷史的佛教高僧

著作人　于凌波
發行人　劉仲文
著作財
產權人　東大圖書股份有限公司
　　　　臺北市復興北路三八六號
發行所　東大圖書股份有限公司
　　　　地址／臺北市復興北路三八六號
　　　　電話／二五○○六六○○
　　　　郵撥／○一○七一七五——○號
印刷所　東大圖書股份有限公司
門市部　復北店／臺北市復興北路三八六號
　　　　重南店／臺北市重慶南路一段六十一號
初版一刷　中華民國九十一年六月
編　　號　E 22065
基本定價　肆　元
行政院新聞局登記證局版臺業字第○一九七號

ISBN　957–19–2700–7　(平裝)